Aleksandr Rošal – Anatolij Karpov

Schach mit Karpov

Leben und Spiele des Weltmeisters

Mosaik Verlag

Aus dem Russischen von Ilse Mirus und Wolfgang Unzicker

Titel des russischen Originals: Karpovs Vertikale

Layout und Diagramme: Gaßner & Bischoff

Schutzumschlag: Wilfried Becker

Redaktion: Wolfgang Bruns

© 1976 Anatolij Karpov, Leningrad und Aleksandr Rošal,
  Moskau
Für die deutsche Ausgabe:
© 1977 Mosaik Verlag GmbH, München
  und Rowohlt Taschenbuch Verlag GmbH, Reinbeck
  1977 / 54321
Gesamtherstellung: Mohndruck Reinhard Mohn oHG, Gütersloh
Printed in Germany · ISBN 3-570-05568-x

Inhalt

Begleitende Worte von Michail Tal

Es gibt literarische Beichten bedeutender Schachspieler, die aus den Buchläden verschwanden – ehe
man sich's versah – und nun schon lange bibliogra-
fische Raritäten sind.
Heute haben die Schachspieler wenig Zeit, und kaum
einer der Großmeister entschließt sich dazu, über
sein sportliches oder privates Leben zu schreiben.
Im Gegensatz zu uns, seinen Kollegen, hat Anatolij
Karpov Glück gehabt: es hat sich für ihn ein *alter ego,*
ein zweites Ich gefunden, ein Mensch, der ihn von
kleinauf kennt und sein Leben Jahre hindurch anteil-
nehmend verfolgte, ein Journalist, zu dem er restlos
aufrichtig ist und dem er vollkommen vertraut. So hat
dieses Buch also zwei Autoren:
Der eine ist Anatolij Karpov, der fünfundzwanzig-
jährige Schachweltmeister, ein Großmeister, dessen
Name mit jedem Tag populärer wird und dessen
andauernde Siege immer rätselhafter und schwerer
erklärbar werden. Der andere ist Aleksandr Rošal –
Schachmeister, Verdienter Trainer der RSFSR, unter
dessen Fittichen nicht wenige heute weltbekannte
Schachspieler heranwuchsen, ein Berufsjournalist,
der nicht nur als verantwortlicher Sekretär an der
bedeutendsten Schachzeitschrift der Welt, dem
Wochenblatt »64«, sondern auch in vielen anderen
literarischen und gesellschaftspolitischen Verlagen
mitarbeitet, vor allem bei der »Izvestija«, für die er
als ständiger Beobachter tätig ist. 5

Das Buch berichtet von Karpovs Kindheit und Jugend, von seinen Neigungen und Passionen, vom nicht alltäglichen Charakter des Weltmeisters. Vieles hört man hier zum ersten Mal, und der Leser wird das Neue mit Interesse zur Kenntnis nehmen.

Das endgültige Resultat jeder Schachpartie, wie auch immer sie verlaufen sei, wird in der Dimension von ganzen drei Ziffern komprimiert: 1, 1/2, 0. In diesem Buch aber bekommen diese Ziffern einen inneren Reichtum, werden sie sozusagen belebt.
Ein packender Bericht über die denkwürdigsten Wettkämpfe und Partien begleitet sie jeweils. Ungewöhnlich interessant sind die scharfen und kategorischen Urteile des jungen Weltmeisters, aus denen seine prinzipielle Einstellung klar erkennbar ist. Dies bezieht sich nicht nur auf seine Züge beim Schachspiel, sondern auch auf für sein Leben wichtige Entscheidungen.
Wie sich zeigt, ist Karpov zu den überraschendsten Unternehmungen imstande. Schon als ganz junger Mann pflegte er aufmerksam zu lauschen, wenn irgendwelche Autoritäten ihre Meinung äußerten, und alles nur mögliche daraus zu schöpfen, um dann aber genau nur das zu tun, was er selbst für richtig hielt.
Die Schachwelt kennt bereits eine ganze Reihe von Partien ihres Weltmeisters. Jetzt wird sie erfahren, warum Karpov gerade so und nicht anders gespielt hat, und warum der Weltmeister gerade die hier im Buch angeführten und von ihm selbst ausführlich kommentierten Partien für seine bedeutendsten Werke hält. Seine Psychologie des Kampfes durchdringt diese Kommentare bis zum letzten, und ohne es recht gewahr zu werden, wird sich der Leser plötzlich im »Allerheiligsten« befinden: in der schöpferischen Werkstatt des Großmeisters.
Auch von den Kämpfen der Kandidaten um den Weltmeisterschaftslorbeer wird hier berichtet. Und

es wird eigentlich erstmals so ausführlich darüber

berichtet. Das Milieu wird geschildert, die Teilnehmer selbst, und auch Experten, die nur Zuschauer sind, werden kritisiert. Die Äußerungen sind dermaßen offenherzig, daß es einem manchmal den Atem verschlägt. In jenem Teil, der den heranreifenden Konflikt zwischen Fischer und der übrigen Schachwelt schildert, findet der Leser hervorragende Schach-Belletristik und dokumentarische Publizistik...

Die Zusammenarbeit innerhalb der Firma Karpov, Rošal & Co. hat sich als erstaunlich fruchtbar erwiesen. Die »Compagnie« der Autoren ist solide und qualifiziert. Der Journalist hat viele Turniere besucht und ist zu wechselseitigen Gesprächen und Interviews mit wohl allen bedeutenden Großmeistern der Gegenwart zusammengetroffen. Wir hören hier Max Euwe, Michail Botvinnik, Tigran Petrosjan und Viktor Korčnoj ebenso wie Lev Polugaevskij, Robert Byrne, Semjon Furman und – Sie verzeihen! – Michail Tal, wie auch viele, viele andere Großmeister. Jeder spricht mit seiner eigenen unverwechselbaren Stimme, so daß das Buch zwar über Karpov geschrieben ist, aber auch dies und jenes über andere Schachspieler bringt und über die höchst verworrenen und verwickelten Situationen und Verhältnisse in der Schachwelt.

Befreunden Sie sich nun mit einem Buch, das genau so ungenormt und originell ist wie die Schachhandschrift des Weltmeisters Anatolij Karpov und die Journalistenhandschrift seines Biografen Aleksandr Rošal. Ich bin überzeugt, ein seltenes Buch zu empfehlen, ein Buch, auf das die Schachliebhaber in aller Welt schon lange warten.

Michail Tal

1

Eine schachgerechte Eröffnung

Moskau, 24. April 1975:
Schwärme von Schachliebhabern auf den Stufen zum Säulensaal im »Haus der Sowjetrepubliken, dann der schöne Saal selbst, in dem es nicht einen einzigen freien Platz mehr gab und in dem, über die Balkonbrüstungen gebeugt, Jungen und Mädchen wie wild Beifall klatschten. Kein Mensch weiß, warum hier seit je die Studenten das Regiment führen. Ich habe keine Angst, in traditionelle Übertreibung zu verfallen, wenn ich kühn behaupte, daß keiner diesen Abend vergessen wird, an dem Anatolij Karpov zum neuen Weltmeister – dem neunzehnten in der Geschichte des Schachs – gekrönt wurde. Im Säulensaal aus weißem Marmor funkelten die Kristallüster, und in den Sesselreihen wurden jene Spezialausdrücke geflüstert, an denen Schachliebhaber mühelos zu erkennen sind.
Auf dem Tisch des Präsidiums standen neben der roten Flagge der Sowjetunion die Symbole vieler anderer Länder. Die Moskauer und ihre Gäste, die Abgesandten aus dem Ausland, grüßten den, um dessen Schultern soeben ein Lorbeerkranz als Zeichen seiner Weltmeisterwürde gelegt worden war. In diesem Augenblick kam mir ins Gedächtnis, was Dr. Max Euwe, der Präsident des Weltschachbundes (FIDE) unmittelbar nach dem Finalmatch der Kandidaten gesagt hatte: »Als ich meinen fünfzigsten Geburtstag feierte, konnte ich nicht ahnen, daß drei   9

Tage später – am 23. Mai 1951 – ein Schachgenie geboren werden würde. Jetzt ist das allen klar...« Auch damals wurden Anatolij Karpov Preise und Blumen überreicht, hörte er herzliche Worte. Fernsehkameras waren auf ihn gerichtet, und nicht nur die Journalisten, sondern sogar seine Großmeisterkollegen drängten sich, um ein Interview oder wenigstens ein Autogramm zu bekommen. Und der alte Exweltmeister und jetzige Präsident Euwe wollte immerfort »zur Erinnerung« mit Karpov zusammen fotografiert werden und nahm dann, als wolle er die Glaubwürdigkeit seiner Worte unterstreichen, einem Gast die Jugendzeitschrift »Smena« aus der Hand, um mit großem Schwung quer über das farbige Titelblatt zu schreiben: »Porträt eines Schachgenies«. Jetzt bei der Krönungsfeier sagte Max Euwe mit Nachdruck: »Die FIDE ist über den neuen Schachweltmeister sehr erfreut.«

Seit jenem Abend, jener Sternstunde Karpovs, in der ihm der Weltmeisterschaftslorbeer verliehen wurde, wollte jede Stadt, in der er gewohnt hatte, ihn für sich in Anspruch nehmen: er wurde als Vertreter – genauer gesagt: als Urheber der uralischen Schachschule bezeichnet, schließlich stammt er ja aus Slatoust; das mittelrussische Tula betrachtete ihn als seinen Repräsentanten, weil er dort seine Schulzeit beendet hatte und zum Meister herangewachsen war; Leningrad seinerseits wollte nicht nachstehen und behauptete: er ist ein Student unserer Universität, der das unerfreuliche Zickzack in der Schachgeschichte ausgeglichen und die Weltmeisterwürde in sein Vaterland zurückgeholt hat.
Gleichzeitig aber war zu spüren, daß Anatolij Karpov bereits der ganzen Welt gehört. Max Euwe machte sich den Spaß und sagte, Anatolij Karpov habe in den jüngst vergangenen Jahren seines aktiven Auftretens als Schachspieler nicht 3000 Züge auf dem Brett gemacht, wie die Schachstatistiker behaupten, sondern nur 2999. Und dies ist tatsächlich aus

Anatolijs Biografie zu belegen: Beim Start zum europäischen Juniorenchampionat 1967/68 machte den ersten Zug für ihn der berühmte Holländer Max Euwe. Der junge Mann hatte mit einem Blick auf den Königsbauern gewiesen. »Hier, in den Niederlanden, hat er seinen großen Weg eingeschlagen«, behauptet Euwe.

Jaroslav Šajtar jedoch, ein Gast aus der Tschechoslowakei, ist mit dieser Behauptung nicht einverstanden. Er war schließlich dabei, als Anatolij Karpov bei der Jugendweltmeisterschaft und den Olympiaden der Studenten Sieger wurde. Doch den ersten Sieg in einem internationalen Turnier, behauptet Šajtar, habe Anatolij schon zwischen 1966 und 1967 in Tršinec, der Stadt der tschechoslowakischen Metallurgen, errungen.

Ja, und dann wurden die Jugenderfolge sehr bald von Siegen in den bedeutendsten Erwachsenenwettkämpfen abgelöst.

Großmeister wurde er 1970 im fernen Caracas, aber schon ein Jahr danach – beim Alechin-Gedenk-Turnier in Moskau – nahmen ihn die bedeutendsten Würdenträger der Schachwelt in die gar nicht zahlreiche Familie der Großmeister der Extraklasse auf. Dann lag Karpov sowohl in Hastings wie in San Antonio wie in Madrid an der Spitze... Er gewann das Interzonenturnier 1973 und wurde Weltmeisterschaftskandidat. Er führte die Auswahlmannschaft der UdSSR auf der Weltolympiade in Nizza, wo sie triumphale Erfolge verbuchen konnte, und schlug der Reihe nach seine gefährlichsten Konkurrenten, die ebenfalls Weltmeister werden wollten. Dann das gigantische Schlußduell mit Kořcnoj. Und der moralische Sieg, als alle Welt sah: Karpov will gegen Fischer spielen, Fischer aber nicht gegen Karpov.

1973 bekam er als bester Großmeister den »Schach-Oscar« überreicht.

»Wir waren keinen Augenblick im Zweifel, als wir Karpov diesen internationalen Preis für 1974 zuerkannten«, sagte der spanische Journalist Jorge Puč,   11 als er an diesem denkwürdigen Abend im Säulensaal dem sowjetischen Großmeister den Preis überreichte. Heute wissen wir bereits, daß dem Weltmeister Anatolij Karpov auch der »Schach-Oscar 1975« – der dritte in der Reihe – zugesprochen wurde. Wie wird es weitergehen? Das Buch über Karpov ist noch längst nicht fertig...

Karpovs Vertikale

1974 fand in Nizza zugleich mit der *Schacholympiade* der *Jubiläumskongreß* der FIDE statt, auf dem das fünfzigjährige Bestehen des internationalen Schachparlaments gefeiert wurde.

Es traf sich so, daß dieser Kongreß die Frage des Weltmeisterschaftskampfes zwischen Bobby Fischer und dem sowjetischen Großmeister, dem Sieger im Finale der Weltmeisterschaftskandidaten A. Karpov–V. Korčnoj, zu entscheiden hatte.

Die Empfehlung des Zentralkomitees der FIDE, das vor der Generalversammlung getagt hatte, war klar und bestätigte nochmals die zuvor angenommene Entschließung: Der Kampf um die Weltmeisterschaft wird bis zu sechs Siegen eines der Teilnehmer bei einem allgemeinen Limit von dreißig Partien durchgeführt; gelingt es keinem der Teilnehmer, im Laufe von dreißig Treffen sechs Partien zu gewinnen, wird der in der Punktzahl Höhere als Sieger anerkannt; besteht Punktgleichheit, behält der Weltmeister nach dreißig Partien seinen Titel (dies ist das traditionelle Vorrecht des Weltmeisters).

Vor Beginn ihrer Arbeit hatte die Generalversammlung ein erstes »Schreiben an den Kongreß« von Bobby Fischer erhalten. Das Telegramm, das nicht offiziell verlesen wurde, enthielt, wie ich hörte, 803 Worte und brachte die Stellungnahme des Weltmeisters zu einer Reihe von Fragen, vor allem zum Austragungsmodus des Weltmeisterschaftsturniers 13 zum Ausdruck. Die amerikanischen Kongreßdelegierten befolgten die Anordnungen ihres Großmeisters peinlichst genau und äußerten sich zu jedem Punkt dementsprechend. Zum Beispiel bestand Fischers Rechtsanwalt Kramer darauf, daß der Schiedsrichter, »der allzuviel sieht« nicht das Recht haben solle, sich in der Presse journalistisch zu äußern, und das nicht nur während des Wettkampfes, sondern sogar auch späterhin.

Den Schiedsrichter rettete die Bemerkung eines Angehörigen des FIDE-Büros, Boris Rodjonovs: »Mr. Kramer ist keine drei Minuten still, und er will, daß der Schiedsrichter ein ganzes Leben lang schweigt.«

Worauf wollte Fischer nun eigentlich hinaus? Er wollte, daß der Kampf um die Weltmeisterschaft bis zu zehn Siegen eines der Partner durchgeführt würde (und nicht nur bis zu den früher festgesetzten sechs Siegen). Dabei sollte die Gesamtzahl der Parteien aber unbegrenzt sein; bei einem Gewinnstand von 9 : 9 kann der Weltmeister seinen Titel behalten. Es bedarf keiner besonderen mathematischen Vorbildung, um zu begreifen, daß es sich hier um das Plus von zwei Punkten handelte, die Fischer für sich buchen wollte. Tatsächlich kann man unter solchen Bedingungen gegen den Weltmeister nicht 10 : 9 gewinnen, der Kandidat muß als Minimum einen Stand von 10 : 8 haben. Der elfte Schachkönig unternahm also den Versuch, sich über das internationale Schachparlament zu stellen oder wenigstens das Vetorecht zu erlangen, das er bis ins Endlose hätte ausnützen können.

Auf den Kongreßsitzungen der FIDE wurde lange beraten, und mancher bestieg mehr als einmal die Rednertribüne. Besonders sicher fühlte sich unter diesen Umständen der Chef der amerikanischen Mission, der Oberst a.D. Ed Edmondson. Er stieg jedesmal auf das Podium, als sei er im eigenen Haus: »Ein Punkt der Tagesordnung, das Match um die Weltmeisterschaft bis zu zehn, statt bis zu sechs Siegen

14

zu spielen, ruft sichtlich eine ausgedehnte Diskussion hervor. Man sollte eine Pause einlegen und sich durch einen Imbiß stärken«, sprach Edmondson, marschierte zum Ausgang und gab den übrigen Anwesenden zu verstehen, daß sein Beschluß angenommen sei und sich ihm alle zu fügen hätten.

Haben Sie einmal den Trainer einer Basketball- oder Volleyballmannschaft beobachtet, wenn es bei einem schwierigen Treffen »Halbzeit« heißt? Die Spieler versammeln sich, und er, dessen Wort sich jeder hinter die Ohren schreibt, möchte am liebsten alle miteinander umarmen, die Zaghaften aufmuntern und jene, die allzuscharf ins Zeug gingen, zur Vernunft mahnen. Genauso wanderte der erfahrene Trainer Edmondson von einer Delegiertengruppe zur anderen. Und dann, als die Pause beendet war, schritt er selbstsicher die Reihen ab, bewegte lautlos die Lippen und zählte »seine Stimmen«.

Ich saß in der ersten Reihe bei Kramer und Edmondson und beobachtete unwillkürlich dieses Tandem. Die Amerikaner flüsterten miteinander, ab und zu bremste Edmondson seinen äußerst reizbaren Kollegen und sagte etwas kurz und knapp wie ein militärisches Kommando. Kramer hatte ein großes liniertes Blatt, auf dem er neben den Namen der Delegationen Punkt für Punkt ein Zeichen machte, als ziehe er die Bilanz eines geschäftlichen Unternehmens.

Nun also: sechs oder zehn? Es wird nach Ländern abgestimmt. Die bedeutendsten Schachstaaten, vor allem die europäischen, stimmen für sechs, die Länder des amerikanischen Kontinents und die Vertreter Asiens, denen vermutlich nicht klar ist, daß ein Match sich in einen Wettkampf bis zur Unerträglichkeit verwandeln kann, stimmen für zehn. Spaßig ist die Antwort des chilenischen Delegierten: »Ja.« »Was: Ja?« wird zurückgefragt. »Natürlich zehn!« Kramer gibt ihm befriedigt ein AUSGEZEICHNET in seiner Tabelle, ist aber zugleich offensichtlich erstaunt, als Rhodesien und die Südafrikanische

Republik (die beide auf der nächsten Sitzung aus der FIDE ausgeschlossen wurden) sich der Stimme enthalten.

Für ein Spiel bis zu sechs Siegen stimmten 24 Delegationen, für das Weiterspiel bis zu zehn Siegen stimmten – bei zwölf Stimmenthaltungen – 26 Delegationen. Der Vorschlag, ohne Limit zu spielen, fiel mit Pauken und Trompeten durch. Angenommen wurde eine Kompromißvariante: es sollte bis zu zehn Siegen, aber mit einem Limit von 36 Partien gespielt werden. Im übrigen blieb die frühere Empfehlung des Zentralkomitees der FIDE in Kraft.

Und nun bekam die FIDE bereits ein zweites Telegramm des elften Schachweltmeisters Robert James Fischer, der wahrscheinlich tief verletzt war, weil die Delegierten des Weltschachforums sein Ultimatum nicht angenommen hatten.

»... Mir wurde bekannt, daß meine Vorschläge durch Stimmenmehrheit abgelehnt worden sind. Eben dadurch hat sich die FIDE gegen meine Teilnahme am Kampf um die Weltmeisterschaft 1975 ausgesprochen. Deshalb verzichte ich auf meinen Titel als Weltmeister der FIDE.«

Also nicht nur »als Weltmeister«, sondern »als Weltmeister der FIDE«! Diese Nuance in Fischers Telegramm erfaßte jeder, der seinen Inhalt kannte. Kurz gesagt, der Großmeister drohte unzweideutig mit seinem Austritt aus dem Weltschachbund.

Nachdem das Telegramm auf einer der letzten Kongreßsitzungen verlesen worden war, entbrannten die Leidenschaften mit neuer Gewalt. Der mexikanische Delegierte als Vertreter eines der Länder, die sich um die Durchführung des Matchs verdient gemacht hatten, redete der Generalversammlung zu, Fischer entgegenzukommen.

»Es wäre schlimm, wenn der Kampf um die Weltmeisterschaft außerhalb des Rahmens der FIDE organisiert würde. Wir sollten doch nicht vergessen, daß das Schachspiel und die FIDE gerade Fischer einen guten Teil ihrer wachsenden Popularität verdanken.

Wir sollten die Gesamtzahl der Partien nicht begrenzen,« bat der Redner.

»Sind Sie denn wirklich überzeugt, daß dies unser letztes Zugeständnis an Fischer wäre?« fragte der Großmeister Jurij Averbach, Vorsitzender der Schachföderation der UdSSR.

Averbachs Frage blieb unbeantwortet, aber viele Delegierte sahen ein, daß kein Ende der Forderungen abzusehen wäre, wenn der Kongreß nicht von Anfang an feste Stellung Bobby gegenüber bezöge, außerdem hatte das Ultimatum Fichers, der nicht einmal geruht hatte, persönlich in Nizza zu erscheinen, viele empfindlich getroffen. Einen unerwarteten Einfluß auf die Stimmung mancher süd- und mittelamerikanischen Delegierten hatte die Ansprache des temperamentvollen Vertreters der Dominikanischen Republik: »Ich weiß, was ich jetzt sagen werde, wird mich um manchen Freund ärmer machen... Ich bin Bobbys persönlicher Freund und bewundere restlos sein Talent und seine nie erlahmende Festigkeit bei der Verteidigung seiner Prinzipien. Heute aber stehen wir wie der Shakespearesche Held vor der Frage: Sein oder Nichtsein? Es ist wahr, mein Freund hat viel für das Schach getan, aber jetzt heißt die Entscheidung: FIDE oder Fischer!«

Die Debatte drohte endlos zu werden. Doch mir scheint, überzeugt wurde der Kongreßvorsitzende Max Euwe von den Erwägungen eines tunesischen Delegierten: »Wenn wir uns schon auf eine Revision eben gefaßter Entschlüsse einlassen, dann sollte heute auch die Neuwahl des Präsidenten der FIDE stattfinden.«

Das Ergebnis dieses, wie es damals schien, letzten Referendums: für Revision des Beschlusses: 17, dagegen: 35, Stimmenthaltungen: 12.

Bei der ersten Abstimmung hatte sich praktisch niemand für einen Verzicht auf ein Limit ausgesprochen. Nunmehr siebzehn. . .

Der Kongreß der FIDE richtete an Fischer ein Schreiben, in dem Bobby gebeten wurde, sich doch zu besinnen und dem viele Millionen zählenden Schachvolk entgegenzukommen.

Am letzten Tag, an dem das gastfreundliche Nizza den Abschluß der XXI. Schacholympiade und des FIDE-Kongresses feierte, trafen sich Schachspieler, Kongreßteilnehmer und Ehrengäste im Stadtpark.

Ein festliches Feuerwerk erblüht über dem spiegelglatten Meer, schillert, erlischt und flammt wieder auf als feuriges Mosaik. Züchtige Gewandung, herausfordernde Shorts und T-Shirts mit den Autogrammen der bekanntesten Großmeister. Auf Podien stampfen dumpf die Absätze der Tanzenden, Melodien französischer Nationaltänze wechseln mit den Rhythmen hyperzeitgemäßer Musik.

Der dreiundsiebzigjährige FIDE-Präsident Dr. Max Euwe tanzt verwegen mit den Mädchen der Pariser Bildfunkzentrale; heute ist er wieder genauso selbstsicher, wie ich ihn in Holland und dann in Leningrad erlebt habe, nicht zu vergleichen mit dem Menschen, den ich im Ausstellungspalast in Nizza traf und der selbst nicht mehr daran glaubte, zum FIDE-Präsidenten gewählt zu werden. Damals sah ich ihn allein, ohne sein übliches Gefolge, er lächelte mir mühsam zu und fuhr sich vielsagend mit der flachen Hand quer über die Kehle. Damals erwartete man, daß der siebenunddreißigjährige Puertoricaner Rabel-Mendez (alles andere als ein Schachspieler) Präsident werden würde, aber die Teilnehmer am FIDE-Kongreß nahmen dem Ex-Weltmeister Max Euwe das Steuer dann doch nicht aus der Hand.

In diesem festlichen Karussell bewegen sich die Gespräche vorwiegend um den bevorstehenden Weltmeisterschaftskampf. Die Unzertrennlichen – der Schwede U. Andersson und der Holländer J. Timman glauben nicht, daß Bobby Fischer spielen wird. Der jugoslawische Großmeister L. Ljubojević vermutet, daß Fischer Angst hat, sich ans Brett zu setzen und sagt, den Weltmeister plage offensichtlich eine psychische Unsicherheit, wenn man so sagen dürfe:

18

die »Startkrankheit«. Der Amerikaner U. Lombardy sagt: »Wenn Fischer mich wieder – wie in Reykjavik – als Sekundanten haben will, werde ich natürlich hingehen, aber möglicherweise wird er gar nicht spielen.«

Durch die allgemeine Fröhlichkeit ist eine gewisse Verwirrung deutlich zu spüren. Wenn Fischer sich nun erst recht weigern sollte?

Ich mache Ed Edmondson ausfindig. Groß, jugendlich aussehend steht er mit einem Glas Wein in der Hand im Kreis seiner Bewunderer.

»Was beabsichtigt die Schachföderation der USA zu unternehmen, damit sie den Weltmeistertitel nicht kampflos verliert?«, frage ich Edmondson.

»Zu beten!« sagt er, und seine Miene ist nicht sehr hoffnungsvoll. »Für Fischer zu beten.«

Auf einmal erscheint, sichtlich angeheitert, Fred Kramer. »Fragen Sie mich, ich kann alle Fragen beantworten«, bittet er, und fängt sofort mit Höchstgeschwindigkeit an zu reden:

»Ein blöder Kongreß. Hat den Kampf um die Weltmeisterschaft gekillt. Ich kenne Großmeister, die haben geweint, weil sie Fischer nicht am Brett sehen werden.«

»Ihrer Meinung nach wird dieses Match nicht stattfinden?«

»Fifty-fifty.«

»Es besteht also immer noch fünfzig Prozent Hoffnung dafür, daß Fischer sich anders besinnt?«

»Nein. Ich setze fünfzig dafür, daß die FIDE ihren Beschluß noch revidieren wird.«

»Aber warum spielt der Weltmeister überhaupt nicht? Ist er vielleicht krank?«

»Unsinn! Man bietet ihm einfach keine annehmbaren Bedingungen. Seine physische und spielerische Kondition ist hervorragend. Er spielt Tennis und arbeitet viel auf schachlichem Gebiet. Er lebt aus dem Vollen. Er hat sieben Zimmer, empfängt Gäste... Aber, aber, aber...«, der schwankende Kramer hält plötzlich inne, »Bobby würde mir nie verzeihen, wenn er wüßte, daß 19

ich aus seinem Privatleben geplaudert habe.«
»Der Weltmeister...«
»Fischer ist Weltmeister nach den Regeln der FIDE,
hält sich aber selbst nicht mehr dafür...«
Dann sprach ich mit Karpov.
Für gewöhnlich erträgt Tolja keinen Lärm, als aber
hier in Nizza die Auswahlmannschaft der UdSSR als
Sieger der *Weltschacholympiade* gefeiert wird,
dröhnt die Musik und lärmen die Stimmen. Karpov
ist anfangs ganz vergnügt, als sich jedoch die liebenswürdigen Gastgeber mit echt französischer Unmittel-
barkeit immer raffiniertere Reklametricks ausden-
ken, vergeht ihm das Lächeln. Und als man ihn und
Spasskij schließlich an ein reichlich sonderbares
Schachbrett plaziert und ein schönes Mädchen (wie
es hieß, Miß Frankreich 1972) versucht, ihre silberne
Sandalette mitten aufs Brett zu pflanzen, zieht sich
Anatolij vollends in seinen gewohnten Panzer eiser-
ner Reserviertheit zurück. Nun verlangt er nach Ruhe
und Stille, seinem gewohnten Milieu.
»Gehen wir ans Meer«, schlägt Tolja unvermittelt vor.
Er schweigt nachdenklich, und um ihn etwas aufzu-
lockern sage ich, heute hätte ich ihn erstmals als
Tänzer gesehen.
»Ernste Musik verstehe ich nach wie vor nicht«,
bekennt er. »Aber leichte Musik liebe ich. Sie lenkt
ab, läßt mich ausruhen.«
»Und was ist mit den Briefmarken?«
»Oh, die lenken mich am allerbesten vom Schach ab,
für die habe ich immer Zeit.«
»Ihr wart ja ganz gut untergebracht, und du siehst
auch nicht müde aus.«
»Gut war es erst, nachdem unsere Mannschaft ins
Hotel »Meridian« verlegt worden war. Vorher hatten
wir uns über alles Mögliche zu beklagen, auch über
das Essen, nach dem wir Schlange stehen mußten.
Der Großmeister Wolfgang Unzicker aus der Bundes-
republik Deutschland knurrte immerfort: Seit meiner
Soldatenzeit hab' ich nicht mehr Schlange gestanden!«

»Wie steht's in der Universität?«

»Soll das etwa ein Interview sein?« Karpov äugt schräg zu mir herüber, lächelt aber gleich versöhnlich: »In der Uni muß ich immer mal Halbzeit einlegen. Übrigens habe ich neulich die Englisch-Prüfung bestanden, Englisch kann ich immer brauchen.«

»Ja, beim Kongreß kamen die Zwischenrufe meist in Englisch...«

Anatolijs Gesicht verschließt sich wie auf den Fotos, die gegen seinen Willen gemacht wurden. Auf dem FIDE-Kongreß war Karpov entschieden dagegen gewesen, die Spielregeln für die Austragung der Weltmeisterschaft zu revidieren. Vor allem hatte er gesagt, diese Vorgabe von zwei Punkten, die Fischer forderte, zeuge davon, daß sich Fischer seiner Stärke jetzt weniger sicher sei als früher. Ein Delegierter unterbrach Karpov, und der Vorsitzende bemerkte, er wiederhole schon zuvor Gesagtes. Tolja wurde rot, verstummte für einen Moment, sagte dann vollkommen ruhig: »Ich betrachte diesen Zwischenruf als ein Zeichen der Mißachtung« und ging unter allgemeinem Beifall hinunter in den Saal.

Es ist schon ganz hell, fast fünf Uhr. Ich mache mir Sorgen: sportliche Lebensweise ist das nicht.

»Das macht nichts«, sagt Tolja leichthin, »morgen spiele ich nicht. Und überhaupt – ich bin von Kindheit an spät schlafengegangen.«

Das Meer ist jetzt wild aufgewühlt. Wir gehen vom Strand zum Hotel mit der geografischen Bezeichnung »Meridian«. Nach einem Blick auf die flackernden Neonbuchstaben sagt er plötzlich: »Das Herumreisen und die vielen Termine nehmen kein Ende. Ach, könnt ich jetzt Ural-Pelmeny essen! Die Mama kann die so herrlich machen!«

Auch in Leningrad hält sich Tolja nur selten in der eigenen Wohnung auf. Das ist eine Folge seiner vielen Reisen, außerdem ist er nicht gern allein. So kommt es auch, daß viele seiner Preise vorübergehend bei Freunden »ausgelagert« sind: ein Bild und eine Vase in Moskau, ein Pokal in Tula bei der

21

Schwester, einiges bei einem Leningrader Freund, manches auch bei den Eltern, die nach Leningrad übergesiedelt sind, um ihm näher zu sein. Überhaupt das Elternhaus ...

Mit etwa vier Jahren beobachtete Tolja eifrig die Wettkämpfe zwischen seinem Vater und dessen Freund, aber trotz dringender Bitten seines Sohnes hatte Evgenij Stepanovič es nicht eilig, ihm die Schachregeln beizubringen. Er plante dies erst, als der fast Fünfjährige sie sich längst selber angeeignet hatte. Tolik war tief verstimmt, wenn er eine Partie verlor, aber am Weinen hinderte ihn die Warnung seines Vaters: »Ohne Verlieren gibt's kein Gewinnen, und wenn du weinst, dann spiele ich überhaupt nicht mehr mit dir!« Gewiß lernte Anatolij damals die bedeutendste Schachweisheit: Die Drohung ist schlimmer als die Ausführung. Bald wurde er wieder einmal krank und die Mutter nahm ihm das Schachbrett weg. »Aber dann bekam ich es mit der Angst und gab es ihm wieder«, sagte Nina Grigorevna wie zu ihrer Rechtfertigung. »Auf einmal sah ich, wie er an die Decke starrte und dort in Gedanken die Springer ihre Züge machen ließ. Er hat als kleiner Junge schon sehr gut kopfrechnen können, beim Kinderbillard zum Beispiel, wenn die anderen mit Papier und Bleistift anfingen, hatte er schon alles im Kopf fix und fertig. Dann waren die Älteren ärgerlich.«

»Ich habe Glück gehabt«, erzählte Anatolij später. »Damals feierte Michail Tal sein glanzvolles Debüt auf der Schachbühne. Da war kaum einer, der seinen Namen nicht kannte, alle schwärmten vom neu aufgegangenen Stern, das Schachspiel eroberte alle. Auch bei uns im Ural, in Slatoust brach damals eine Art Schachepidemie aus. Fast jeder Junge auf unserem Hof konnte Schach spielen. Für einige Zeit verdrängte es alle anderen Spiele, wir hockten auf unserer Vortreppe und spielten von morgens bis abends nichts als Schach. Als ich in die erste Klasse ging, bettelten die Jungen von unserem Hof, die zwar älter waren als ich, mit denen ich aber gleich zu gleich

spielte, meine Eltern so lange, bis sie mich zum Sport-
palast des Metallurgischen Werks mitnehmen durf-
ten. Es gab dort ein Schachzimmer, und dort wurden
auch Turniere veranstaltet. Und dann wieder be_rede-
ten meine Freunde den Zirkelleiter, mich sofort zu
einem Turnier zur Qualifikation für Kategorie III zuzulassen, da sie selbst in dieser Kategorie spielten und
ich ihnen, wie sie sagten, nicht nachstünde...«
Gleich beim ersten Versuch erfüllte der Sieben-
jährige die Norm der Kategorie III. Es ist interessant,
daß Karpov auch alle anderen Schachhürden – selbst
die schwierigsten – schon im ersten Anlauf nehmen
konnte. (Alle – nur aus irgendeinem Grunde nicht die
Qualifikation für die Kategorie II.)
Als Anatolij die Norm für die Kategorie I erfüllte, war
er noch keine zehn Jahre alt, formell aber wurde ihm
das Anrecht auf die Kategorie I erst einige Monate
später – beim *Jugendturnier um die Meisterschaft
der RSFSR* – zugesprochen. Natürlich war er auch bei
diesem Jugendturnier der Jüngste. Tolja war ziemlich
klein, er bekam einen Schemel unter die Füße, und
auf seinen Stuhl wurde ein Kissen gelegt, damit er
ebenso hoch saß wie seine großen Konkurrenten. Es
kam aber auch vor, daß Karpov, um das Brett besser
überschauen zu können, fast eine ganze Partie zu
Fuß absolvierte, indem er neben dem Schachtisch
stand. Diese Wettspiele begann er – es war das
einzige Mal in seinem Leben – gleich mit zwei Nullen,
erreichte dann in den vier darauffolgenden Partien
3,5 Punkte und erlitt abermals eine Niederlage gegen
einen Burschen aus der Gegend von Krasnodar. Das
war zuviel für ihn, er verschwand aus dem Saal und
heulte wie ein Schloßhund. Dann riß er sich zusammen und beendete das Turnier in guter Haltung.
Beim Kampf um die Meisterschaft im Gebiet Čel-
jabinsk, zu dem auch Slatoust gehört, wurde Karpov
mit seinen elf Jahren Meisterschaftsanwärter. So
etwas gab es nicht einmal in der »Dienstliste« Boris
Spasskijs, der auch schon sehr früh angefangen
hatte, Schach zu spielen!   23

Man läßt Karpov nun nicht mehr aus den Augen und im November 1963 fährt er mit fünf anderen begabten jungen Leuten nach Moskau zur ersten Session der eben erst gegründeten Schachschule von Michail Botvinnik.

Hier erzählt Karpov selbst, wie es damals war: »Ich fuhr in den Schulferien wohl dreimal nach Moskau, und Botvinnik begutachtete meine Partien und auch die von anderen Jungen, wir analysierten sie gemeinsam und sahen uns auch die besten Partien an, die damals von den Großmeistern gespielt worden waren. Botvinniks Auffassung vom Schach und natürlich auch seine unmittelbar gemachten Bemerkungen über mein Spiel und meine völlig stümperhaften Eröffnungen haben mich beeindruckt. Ich fing nun an, Schachbücher zu lesen, denn ehe ich Botvinnik kennenlernte, hatte ich nur ein einziges Buch dieser Art gelesen, das allerdings von A bis Z, und zwar waren es ausgewählte Partien Capablancas. Ich war zufällig zu diesem Buch gekommen, eines Tages sah ich es in einem Kiosk und kaufte es. Und es kann sein, daß gerade Capablancas Partien meinem Stil ihren Stempel aufgedrückt haben, obgleich ich ja glaube, daß der Stil eines Schachspielers sich erst in späteren Jahren endgültig ausprägt, sagen wir mit dem sechsundzwanzigsten, siebenundzwanzigsten Lebensjahr oder noch später, kurz bevor der Spieler seine Höchstform erreicht.«

»Kurz und gut«, fährt Karpov fort, »es war ganz eigentlich Botvinnik, der mein Verhältnis zum Schach verändert hat, wenn auch noch nicht soweit, daß ich mich nun ernsthaft mit Schach befaßt hätte. Ohne eine Ahnung von Theorie konnte ich mit meinen damaligen Gegnern gleich zu gleich spielen, ich verließ mich nur auf meine Intuition und meine Fähigkeiten. Junge Schachspieler haben nun mal eine nicht ganz angebrachte Selbstsicherheit!«

Es ist für den Leser bestimmt sehr interessant zu erfahren, was der Ex-Weltmeister damals über seinen neuen Bekannten dachte:

»Großen Eindruck hat mir Karpov damals nicht gemacht: bei einem Simultanspiel mit Uhr stellte ich in Gewinnposition meine Dame ein, führte die Partie aber doch bis zum Remis durch.«

Es ist sehr lustig, daß diese Geschichte in Karpovs Auslegung einigermaßen anders aussieht. Als Anatolij sah, wie der Simultanspieler seine Dame einstellte, wandte er sich an einen Meister (Botvinniks Assistenten), daß der ihn darauf hinweisen und vorschlagen solle, den Zug zurückzunehmen. Der Ex-Weltmeister lehnte ab, und nun beging Karpov, der keinen »illegalen« Punkt ernten wollte, absichtlich einen entsprechenden Schnitzer.

Mit Remis endete eine Begegnung, die Anatolij im Jahre 1965 mit gleich zwei anderen Großmeistern hatte: damals zeigten Spasskij und sein Trainer Bondarevskij der Russischen Jugendauswahlmannschaft verschiedene Abspiele. Hier ist zu sagen, daß Karpov die Studien unter Leitung Igor Bondarevskijs deshalb besonders schätzte, weil dieser den Schülern die Eigenheiten vieler Mittelspieltypen auf verständliche Weise erklärte.

»Simultanspiele bekannter Meister sind eine äußerst nützliche Angelegenheit«, sagt Karpov heute. »Vor allem in den Bezirken, wo es keine eigenen starken Spieler gibt, wo Lehrbücher nicht so leicht zu haben sind und man sich nur schwer aus eigener Kraft vervollkommnen kann. Aber man muß diese Spiele auch richtig ausnützen können. Ich habe mir zum Beispiel einmal eine ganz typische Mißachtung der sportlichen Ethik erlaubt, als ein Meister bei uns in Slatoust eine Vorstellung gab. Da ich klein war und gar nicht auffiel, lief ich ungehindert von Brett zu Brett und soufflierte den Spielern. Dabei war ich schon Meisterschaftskandidat und hätte das niemals tun dürfen. Es hörte erst auf, als plötzlich meine Mutter im Spielsaal erschien und mich mit Gewalt nach Haus und ins Bett beförderte. Es gibt allerdings auch viel schlimmere Verstöße. Zum Beispiel gab ich nach dem Kampf um die Meisterschaft der RSFSR 1970 in Kujbyšev eine große Vorstellung an mindestens fünfunddreißig Brettern. Ein junger Kerl, der mit mir ins Endspiel kam, stahl mir wohl drei Tempi auf einmal, und als ich ihm ins Gewissen reden wollte, fing er an zu debattieren, ich sei im Irrtum usw. Ich bat seine Mutter, mit ihrem Sohn noch ein Weilchen dazubleiben, und als das Spiel auf allen anderen Brettern zuende war, wiederholte ich die gesamte fragliche Partie und bewies, daß mein Gegner krumme Sachen gemacht hatte. Natürlich war es nicht einfach, sich alle Züge wieder ins Gedächtnis zu rufen (schon bei der Eröffnung hatte der Kerl eine Figur verloren, und den weiteren Kampf führte er ohne jegliche Logik), doch pädagogische Erwägungen und mein Prestige erforderten es.«

Es könnte dem Leser so vorkommen, als habe Karpov von Kindesbeinen an nichts anderes getan, als von einer Schachveranstaltung zur anderen zu fahren und Schach zu spielen. Natürlich hat Anatolij in diese Unternehmungen viel Kraft und Zeit investiert, dennoch war er als Schüler immer ein »Otličnik« (Guter Schüler) und verließ seine Schule in Tula mit einer Goldmedaille. (1965 war sein Vater als leitender Ingenieur nach Tula versetzt worden.)

Bis heute sprechen die Lehrer der Zwanzigsten Schule mit Bewunderung von ihrem Schüler, der so viele Wettkämpfe gewann, aber nie unvorbereitet zum Unterricht erschien. Überdies hat Tolja Karpov seine Stellung als bekannter Sportsmann niemals mißbraucht, er wollte keinerlei Vorrecht, sondern war im Gegenteil ärgerlich, wenn ihm jemand liebedienerisch begegnete. Karpovs Klasse war in Mathematik besonders stark, und Karpov hatte sich in den Kopf gesetzt, auch dort zu den Besten zu gehören. Heute noch meint seine Mathematiklehrerin, er hätte doch lieber Mathematiker werden sollen. . .

»Ja, was soll man machen?« Karpov richtet diese Frage an sich selber. »Meiner Denkweise nach bin ich tatsächlich Mathematiker. Nach der Schule bin ich praktisch ohne jede zusätzliche Spezialvorbereitung zur mechanisch-mathematischen Fakultät an der Universität Moskau gegangen. Ein Jahr habe ich durchgehalten, dann sah ich, daß Schachspiel und Mathematikstudium unvereinbar sind. Die Sache ist die: ich bin oft zu Wettkämpfen gefahren, aber Mathematik ist vor allen Dingen ein praktisches Studium. Ich nahm mir meine Lehrbücher mit, war theoretisch immer auf der Höhe, aber für die Praxis langte die Zeit nicht. Also stand ich vor der Wahl: Mathematik oder Schach...«

Und nun hatte Anatolij Glück – er lernte eine Wissenschaft kennen, die ihn restlos interessierte und die zugleich mit seinem Schachspiel in Einklang zu bringen war, wenn auch mit großer Mühe und unter ewiger Zeitnot, wie er sie am Schachbrett nie kennengelernt hat, dafür um so mehr im täglichen Leben. Er wurde Student der Wirtschaftswissenschaften. Bald stand er vor einem neuen Problem. Damals hatte er endlich einen regelrechten Trainer gefunden, und zwar den Leningrader Großmeister Semjon Abramovič Furman, hinzu kam, daß auch seine Freunde in Leningrad wohnten. Und schließlich und endlich – Karpov war offengesagt der Meinung, man interessiere sich in Moskau nicht so für ihn, wie er es damals bereits verdiente. Es reifte also der Entschluß, nach Leningrad überzusiedeln. Ich möchte hierbei erwähnen, daß Karpov seine Entschlüsse nur selten einmal ändert, und daß er einen festen und einigermaßen schwierigen Charakter hat.

Spasskij sagte einmal: »Alle großen Schachspieler haben einen schwierigen Charakter.« Die Schwierigkeit ergibt sich aus der Einmaligkeit, aus der Eigenart, aus der Verpflichtung, immer als Mann und Kämpfer auftreten zu müssen. Auch Karpov weiß das. Er ist entzückt von Lermontovs romantischen Gedichten, aber nach außen gibt er sich nüchtern und reserviert. Auch wenn er sich stundenlang leichten Jazz anhört, bleibt er so ernst, wie es seinem Alter gar nicht entspricht. Er ist praktisch, vorsichtig, ein genauer Rechner, aber er ist ein begeisterter Philatelist und gibt keine geringen Summen für Briefmarken aus. Obgleich er im Grunde genommen nur an sich selber glaubt, zeigt er anderen gegenüber größte Hochachtung und Aufmerksamkeit. Er hört sich jede Meinung an, tut aber nur das, was er selbst für richtig hält.

»Er gibt sich nur so streng«, sagt seine Mutter, »in Wirklichkeit ist er liebevoll. Manchmal kommt er in die Küche und steht nur da. Was willst du?, frage ich. Er ist nur mal so hereingekommen, weil er mir einen Kuß geben will.«

Ja, er ist ein liebevoller, fürsorglicher Sohn, aber alles andere als ein Muttersöhnchen... Die Eltern hatten ihm sehr zugeredet, sich in Moskau weiter auszubilden, auch Botvinnik hatte es ihm dringend geraten, aber Anatolij entschied sich für Leningrad. Und schon die nächste Zukunft bestätigte die Richtigkeit seines Entschlusses.

Bei einer Ehrung für Karpov sagte der Prorektor der Leningrader Universität über den neuen Weltmeister: »Karpov zeichnet sich aus durch ungeheure Zielstrebigkeit, Arbeitsfähigkeit und innere Disziplin. Diese Eigenschaften sind für junge Menschen lebenswichtig... Die Futurologen bezeichnen die Ökonomik als Wissenschaft des 20. Jahrhunderts, und ich hoffe, daß der Student der ökonomischen Fakultät Anatolij Karpov, der zu Anfang des kommenden Jahrhunderts den Höhepunkt seiner schöpferischen Kraft erreicht haben wird, auch in der Wissenschaft beachtliche Erfolge erzielen möge.«

Zur Zeit bereitet sich Karpov auf seine Aspirantur vor. Noch vor diesem Gespräch über seine Ausbildung war kurz auch von seinen Interessen die Rede. Natürlich nimmt die Philatelie bei ihm den ersten Platz ein. Briefmarken sind seine alte Leidenschaft, jetzt besteht seine Sammlung aus Zehntausenden von Exemplaren, und über jede Marke weiß er buchstäblich alles. Seit langem sammelt er nicht nur Schach- oder Sportserien, was bei ihm als Sportsmann nicht verwunderlich wäre. Wer es mit erlebt hat, wie interessiert er jede ihm zugängliche Kunstausstellung besucht, wird auch seine umfangreiche Serie »Kunst« für selbstverständlich halten.

Ich sagte schon, daß eine unerhörte Selbständigkeit für Karpov charakteristisch ist. Das geht so weit, daß er andere mit seinen Interessen ansteckt, wie zum Beispiel Tigran Petrosjan, der an sich durchaus unabhängig ist, aber mit beredten Worten gesteht: »Ich fürchte, der Umgang mit Karpov in San Antonio wird mich teuer zu stehen kommen. Es stellte sich heraus, daß Anatolij ein leidenschaftlicher Philatelist ist. Ich konnte mich noch nie ernstlich für Briefmarkensammeln begeistern. Allenfalls hatte ich meinen Freunden Marken aus einer Schachserie geschenkt oder mir selbst als Andenken welche behalten, aber nur ganz leger und jeweils nur ein Exemplar. Der Umgang mit dem begeisterten und fachkundigen Sammler Karpov hat meine Wurstigkeit diesem Hobby gegenüber ins Wanken gebracht. Jedenfalls begann ich nach der Rückkehr aus San Antonio meine Marken zu zählen, und erstmals bezeichnete ich einige Marken, die ich für meine Freunde gekauft hatte, als Dubletten.«

Es sei noch erwähnt, daß Karpov auch ein großer Musik- und Theaterliebhaber ist. Sehr charakteristisch ist in dieser Hinsicht Karpovs Bericht aus der Zeit des *Madrider Turniers* von 1973:

»Abgesehen von den Schachereignissen machte eine Fahrt zum Escorial auf mich den größten Eindruck. Außer Portisch fuhren alle Spieler mit, Portisch blieb aus privaten Gründen in Madrid. Nun war es spaßig anzusehen, wie Walter Browne während der Omnibusfahrt seine immergrünen Partien pausenlos Ulf Andersson und Julio Caplan vorführte. Der Eingang zum Innenteil des Palastes war nicht so leicht zu finden, und außer diesen drei jungen Spielern stiegen alle aus, um den Eingang zu suchen. Die Exkursion war höchst interessant, und man gewann meiner Ansicht nach viele neue Erkenntnisse. Als wir hinausgingen, sah ich im winzigen Erfrischungsraum nach wie vor Browne, Andersson und Caplan zusammen, wie sie etwas tranken und die Schachfiguren auf dem Brett träge hin- und herschoben. »Wart ihr drin?‹, frage ich. ›Nein.‹ ›Warum seid ihr dann mitgefahren, am Schachbrett sitzen, das hättet ihr auch im Hotel gekonnt‹, sagte ich.«

»Wir haben schon darüber gesprochen, daß die besten jungen Großmeister im Ausland für ihre Schachstudien und Turnierspiele eine Menge Zeit aufwenden, und ich bin der Meinung, daß sie ihren sowjetischen Altersgenossen in dieser Hinsicht allerhand beibringen können. Es wird mich aber niemand zu der Meinung bekehren können, daß es in der Welt außer Schach nichts gibt. Schach ist mein Leben, aber mein Leben besteht nicht nur aus Schach.« Und dennoch ist Karpov in erster Linie Schachspieler! Kommen wir also zum Schach zurück. Bevor Napoleon einen Heerführer beförderte, pflegte er ihn zu fragen, ob das Glück ihm günstig sei, ob er glücklich sei.

Karpov war das Schicksal günstig gesinnt. Aber es liegt hierin auch eine gewisse Gesetzmäßigkeit. Als er wirklich Schach zu spielen begann, konzentrierte sich das Interesse der Öffentlichkeit im stärksten Schach-Staat der Welt darauf, ob er wohl Jugendweltmeister werden würde. Sehr bald verband man mit seinem Namen die heißersehnte Wiedergewinnung der Weltmeisterwürde für die Sowjetunion. Mit Recht sagt man, die Ruhmesgöttin habe nicht nur Flügel, sondern folge auch einer verborgenen Gesetzmäßigkeit. Den Auserwählten nimmt sie auf ihre Fittiche...

Es ist richtig, Karpov hat Glück gehabt. Das bedeutet aber nicht, daß ihm alles leichtgefallen wäre. Denken wir an seine Kindheit, als er ewig kränkelte... Und als er dann Schach spielte, gab es zunächst keine Fachbücher und keinen hochqualifizierten ständigen Trainer. Dann aber tauchte ein solcher Trainer auf: A. S. Furman. Und wie auch immer die Beziehungen zwischen Trainer und Schüler sich in Zukunft gestalten, wie auch immer die Situationen sich wandeln mögen – es ist keine Frage, daß einer der größten sowjetischen Schachtheoretiker, der Großmeister und Praktiker Semjon Abramovič Furman zur Formung Karpovs, wie wir ihn heute kennen, wesentlich beigetragen hat.

Spasskij hat zu verschiedenen Zeiten mit verschiedenen Trainern gearbeitet und wußte immer genau, woran es ihm fehlte und was er von seinem Lehrmeister zu übernehmen hatte. Auch Karpov weiß, was er von einem Mann zu übernehmen hat, der sowohl Botvinnik wie Korčnoj und auch Petrosjan in entscheidenden Momenten ihrer Karriere Hilfe geleistet hat. Es ist manchmal interessant zu beobachten, wie Petrosjan eine Karpov-Partie betrachtet. A là Furman nähert er den Zeigefinger dem in diesem Moment wichtigsten Feld, spitzt ein bißchen komisch die Lippen, und dann sagt der Exweltmeister im singenden Ton des Leningrader Großmeisters: »Das ist Furmans Schule«.

Karpov pflegte von Kindheit an selbständig zu denken, nahm aber jede Information begierig auf und verarbeitete sie auf seine Weise. Und höchst rationell dazu. Furman war für ihn ein sprechendes Buch, er ersetzte ihm dicke Wälzer mit Eröffnungsabhandlungen und half ihm, sich im Meer der Varianten zurechtzufinden. Großzügig zeigte er Karpov viele eigene Bearbeitungen und sagte dabei lächelnd: »Man muß den Gegner mit Neuerungen einkreisen wie den Wolf mit roten Treibjagdfähnchen.« Semjon Furman hat Karpovs Weg nach oben wesentlich verkürzt.

»Wir haben uns geplagt und haben uns bemüht, unsere Fehler loszuwerden«, damit enthüllte Furman das sogenannte Geheimnis des Erfolges. »Ich habe vielen großen Spielern bei ihrer Arbeit helfen dürfen, aber niemals habe ich mich derart befriedigt gefühlt wie bei den gemeinsamen Studien mit Karpov. Das hängt natürlich auch damit zusammen, daß meine anderen Zöglinge schon fertige Großmeister waren   31 und ich auf ihre Entwicklung keinen wesentlichen Einfluß mehr hatte. Mit Tolja ist das etwas ganz anderes – er wächst vor meinen Augen. Dabei habe ich mich immer bemüht, Wachstum und Entwicklung bei ihm in Einklang zu halten mit seiner schöpferischen Individualität.«

Wir müssen immer wieder sagen, daß Karpov jeden beeinflußt, der mit ihm zu tun hat. Auch Semjon Furman ist dieser Beeinflussung nicht entgangen. Während des Turniers in Madrid 1973 haben dies auch die ausländischen Beobachter festgestellt:

»Bei diesem Paar ist alles rätselhaft und ungewöhnlich«, schrieb der Beobachter einer italienischen Wochenzeitung über Karpov und seinen Lehrer, »sowohl die beiderseitige Teilnahme an demselben Turnier, was bei Trainer und Trainiertem selten vorkommt, wie auch die olympische Ruhe, die beide selbst in schwieriger Lage, ja selbst in härtester Zeitnot unerschütterlich bewahren. (Dies bezog sich offensichtlich nur auf Furman, denn Anatolij gerät nicht in Zeitnot.) Auch die Art ihrer Zusammenarbeit, mit der nicht nur Furman Karpov, sondern auch Karpov seinem Lehrer zu besserem Spiel verhilft, ist ungewöhnlich.«

Tatsächlich hat in diesem Fall die Meinung, daß der Übergang zur Trainerarbeit den Abschied von eigenen praktischen Erfolgen bedeute, sich als unzutreffend erwiesen. Die Schweizer Nationalzeitung schrieb: »Infolge des schöpferischen Umgangs mit Karpov hat Furman als Schachspieler sozusagen neuen Atem geschöpft, er demonstriert jetzt eine bedeutendere praktische Stärke als jemals zuvor.«

Man darf die Laufbahn des jetzigen Weltmeisters ohne Übertreibung als märchenhaft bezeichnen. Heute ist er in der ganzen Welt anerkannt und populär. Als in den Jahren 1973, 1974 und 1975 der »Schach-Oscar« vergeben wurde, stimmten fast alle Journalisten für Karpov. Und dennoch. . . Sogar ein Mensch, dem – wie Karpov – das Glück scheinbar immer lächelt, hat es als Schachspieler nicht leicht.

Er ist ein Mensch ohne jegliche Komplexe, ihn quälen keine Zweifel, die Meinung anderer interessiert ihn nur insofern, als sie ihm vielleicht nützlich sein könnte. Und obgleich – es sei nochmals gesagt – Karpov ein Mensch ohne Komplexe ist, mußte er sich lange Zeit verteidigen, ja sich fast rechtfertigen. Wieso, warum? Vielen behagt sein in sich geschlossener, steinerner, schwieriger Charakter nicht. Vor allem aber: Karpov mußte immer wieder, und nicht nur am Brett, seine Spielauffassung, seinen Schachstil durchsetzen. Er sagt:

»Nicht nur viele Amateure, auch manche Großmeister können oder wollen meine Auffassung vom Schach nicht verstehen. Dabei mache ich daraus gar kein Geheimnis. Für mich ist Schach in erster Linie Kampf. Deswegen steht für mich das sportliche Prinzip an erster Stelle. Man muß den Gegner unbedingt besiegen, und danach strebe ich praktisch in jeder Partie.«

Nie oder fast nie macht er Remis, für gewöhnlich versucht er aber auch nicht, aus einer Position mehr herauszuholen, als darin ist. Nun halten manche Kritiker diese realistische Auffassung für Friedfertigkeit.

»Wenn du die Wahl hättest zwischen einem Kombinationsspiel, das dir großen Vorteil verspricht und einem Endspiel mit geringeren Gewinnaussichten – was würdest du vorziehen?«

Karpovs Antwort auf diese Frage lautet: »Ich taxiere die allgemeine Turniersituation. Wäge ab, wie ich mich fühle, wie mein Kopf funktioniert. Schließlich sehe ich mir mein Gegenüber an. Und erst dann fasse ich einen Entschluß. Sehe ich aber den einzig richtigen Weg, dann schlage ich ihn ein, ganz einerlei, wer mir gegenübersitzt.«

Manchmal ist Karpov wütend, wenn Dilettanten mit ihm endlos über seinen Schachstil reden wollen, dann kann er unter Umständen dem Gesprächspartner das Wort abschneiden: »Was haben Sie denn über diesen berühmten Stil gehört – ich spiele das Schach, das mir gefällt und das ich spielen will!« 33

Tigran Petrosjan versuchte einmal, Schachbericht-erstattern folgendes klarzumachen: »Jeder Groß-meister ist eine ziemlich komplizierte Persönlichkeit, und die Vorstellung, die man von ihm hat, entspricht nicht immer der Wirklichkeit. Tal bedeutet nicht nur »Opfer«, Fischer bedeutet nicht nur »Computer« und Petrosjan bedeutet nicht nur »Vorsicht«.

Offenbar jedoch hat sich der Exweltmeister vergeb-lich bemüht – die Kritiker wollen von Halbtönen nichts wissen und malen die Porträts der berühmten Großmeister mit nur einer Farbe. Ihr Blick gleitet nur über die Oberfläche hin, denn aus Unkenntnis des Gegenstandes fürchten und meiden sie es, tiefer zu schürfen.

Übrigens erklärt sich vieles auch aus der heute am weitesten verbreiteten Auffasssung des Schach-spiels. Für sie, behauptet Karpov, gilt die Tendenz der siebziger Jahre überhaupt: die Zunahme der Sportlichkeit.

»Daraus erklärt sich auch«, sagt der Weltmeister, »daß die Aestheten und die Verfechter der reinen Kunst in gewisser Weise unbefriedigt sind, denn sie wollen Kombinationspartien, und zwar unbedingt mit einigen Rosinen darin geboten bekommen. Aber Kombinationen und scharfe Attacken sind nur dann gut, wenn sie das Ergebnis eines im Ganzen sorg-fältig durchdachten und technisch vollkommenen Spiels sind und sich nicht aus groben Fehlern und Schnitzern ergeben. Wenn ein Spiel wirklich große Klasse ist, liegt die eigentliche Schönheit viel tiefer, als die Liebhaber von Nervenkitzel für gewöhnlich sehen können.«

Verfolgt man Karpovs Spiel als Außenstehender oder auch als Partner, wird man nie das Gefühl los, als seien alle seine Figuren durch unsichtbare Fäden miteinander verknüpft. Dieses Netz bewegt sich ge-mächlich, überzieht nach und nach die gegnerischen Felder und gibt dabei wunderbarerweise die eignen nicht frei. Karpovs Aktionen sind leicht und unge-

zwungen, er macht keine ungeschickten Bewegungen, die die Verbindungsfäden zerreißen könnten. Der internationale Meister Igor Zajcev breitet fassungslos die Arme aus: »Begreifst du das? Ich nicht. Das ist, als ob wir alle stückweise spielten und nur Karpov im Ganzen. Es ist das reinste Vektorendiagramm!...« Ein solches Talent ist mehr als die übliche positionelle Begabung und ist viel seltener anzutreffen als kombinatorischer Scharfblick. Kombinationstalente entwickeln sich mitunter von selbst; am Schliff seines positions-strategischen Könnens hat zum Beispiel Korčnoj zwanzig Jahre lang gearbeitet. Ein Talent kann zwiespältig sein – Tal und Anti-Tal. Die verschiedenen Naturtalente lassen sich nicht mit der gleichen Elle messen. Michail Tal war lange Zeit unverständlich in seiner farbigen Kompliziertheit, Anatolij Karpov war unverständlich durch seine Einfachheit und die gar nicht auffallende gleichbleibende Brillanz. Auf den ersten Blick erscheint das paradox, aber wenn man will, kann man sogar manche äußerliche Übereinstimmung zwischen Karpov und Tal sehen. Beide sind durchaus keine Hünen, beide haben gescheite, ganz leicht vorstehende Augen und ein angedeutetes Raubvogelprofil. Aber himmelweit verschieden sind sie in ihrer Auffassung vom Schach und vom Leben überhaupt. Bei dem einen alles auf des Messers Schneide, beim anderen alles durchdacht und harmonisch. Tal will nicht einmal in reiferem Alter eine goldene Mitte anerkennen – aut Caesar aut nihil! (Man sagte einmal zu ihm, wenn er Botvinniks Lebensauffassung hätte – er wäre Weltmeister geblieben. Er erwiderte, er ziehe es vor, einen Monat lang als Tal zu leben, statt ein ganzes Leben lang als Botvinnik, denn dann hätte er nicht er selbst bleiben können.)

Karpov ist im Grunde seines Herzens entzückt von Tals kühnen und unüberlegten Angriffen, dennoch ist er »zufrieden mit seiner Bedachtsamkeit«, (genau das sagte er, als er noch nicht Großmeister war). »Michail Tal hat einmal gesagt, ich predige den Schach-Realismus. Vermutlich hat er recht. Ein Risikospiel im Stil der Schachmusketiere ist etwas für Leute, die den Nervenkitzel lieben, mir liegt es nicht«, bekennt Anatolij. »Ich habe mich immer bemüht, meine Möglichkeiten nüchtern einzuschätzen und mich nicht zu übernehmen. Es hat mir Spaß gemacht, Tals Partien zu verfolgen, aber ich wußte immer, daß sein Stil nichts für mich ist. Ich wollte ja im Schach etwas Eigenes entdecken.«

Viele sagen, er sei ein rigoroser Positionsspieler. Ja, er achtet die Gesetze und hält Schach für ein bedeutendes Spiel der Logik. Bei alldem aber ist Karpov glänzend im Durchdenken von Varianten und liefert immer häufiger Musterbeispiele prächtig durchgeführter Angriffe. Zu seinem Fundus gehören nicht wenige Punkte, die er mit taktischen Waffen erkämpft hat. Wieviel schöne Siege hat er auf der Weltolympiade 1972 in Jugoslawien errungen! Seine Partie mit zahlreichen Opfern wurde beim Interzonenturnier in Leningrad als die beste anerkannt. Als die interessantesten (und wiederum: schönsten!) Siege in den Kämpfen um die Weltmeisterschaft gelten mit Fug und Recht die Siege Karpovs. Das ist auch wieder paradox, nicht wahr? Ja, aber nur auf den ersten Blick.

Karpov ist gegen ein »Risikospiel im Stil der Schachmusketiere«, wenn ihn das vielgestaltige Schachleben aber doch einmal zwingt, sich als Musketier zu verkleiden, dann wird er für eine Weile d'Artagnan mit aller Findigkeit und Pfiffigkeit des Gascogners, aber niemals Atos, der zwar edel, aber irgendwie unirdisch und daher leicht verwundbar ist.

»Dieser Spieler hat praktisch keinen wunden Punkt«, staunte Tal, als er Karpov näher kennenlernte.

Hier haben wir die Antwort auf viele Fragen! Dem Gegner keine Gelegenheit geben, s e i n Spiel zu spielen, s e i n e Positionen zu erreichen, das ist Karpovs bevorzugter Kunstgriff, und das bedeutet für ihn: er muß in allen erdenklichen Tonarten spielen können, da er auf immer wieder anders geartete Gegner trifft.

Es ist sonderbar, daß Karpovs universaler Rationalismus die Jugend, deren anerkannter Leader er ist, nicht abstößt. Allenfalls äußern Romantiker der älteren Generation ihr Mißvergnügen: »Dieser Praktizismus unserer Zeit ist eine Sünde und Schande!« Karpovs Praktizismus zeigt sich aber nicht in Großmeisterremisen, sondern in der Ablehnung unnötiger Phantasien, im vollständigen und fast geringschätzigen Verzicht auf »reine Kunst«.

Karpov liebt es, die verschiedensten Positionen zu analysieren. Dabei spricht er vor sich hin: »Aha, aha ... Aber vielleicht sollte man lieber mit dem König wegziehen, damit der nicht stört ...«, und seine grünen Augen suchen und suchen auf dem Brett, und seine ausdrucksvollen schmalen Finger, die keinen Augenblick stillhalten, scheinen zu zaubern. Schon lange ist er ein Meister der Analyse, und viele wenden sich an ihn um Hilfe. Karpov ist den Trainern bei Mannschaftskämpfen ein unersetzlicher Helfer. Ich erinnere mich zum Beispiel, wie 1971 die Mannschaften um die Unionsmeisterschaft kämpften. Damals verblüffte er alle mit seiner Beurteilung einer Hängepartie zwischen zwei Meisterinnen. Rita Bilunova, die zur Auswahlmannschaft der Streitkräfte gehörte, wo Karpov auf dem Jugendbrett gespielt hatte, brach die Partie gegen die Vertreterin der Mannschaft »Lokomotiv« im Endspiel ab. Weltmeister Spasskij, der damals diese Mannschaft führte, definierte die Stellung sehr schnell als Remis. Karpov jedoch glaubte das nicht und machte sich daran, eine Gewinnmöglichkeit zu suchen. Bei Wiederaufnahme der Partie erreichte Bilunova, die sich an Karpovs Empfehlung hielt, eine Gewinnposition, beging dann aber einen Fehler, und das Treffen endete mit Remis. Die Verzweiflung der Spielerin ist kaum zu schildern. »Was soll ich Anatolij jetzt sagen?«, rief sie entsetzt, »er hat seinen ganzen freien Tag für die Analyse geopfert, und jetzt hab' ich ihn so blamiert!« Karpov wurde dann aufgezogen: »Schämst du dich nicht? Eine Frau zum Weinen zu bringen!«

Dieser tragikomische Fall von »Tränen einer Frau« ist nicht der einzige in seiner Schachlaufbahn. Als er im Halbfinale des Kandidatenmatchs die Schlußpartie gegen Spasskij gewann, konnte Valentina Kozlovskaja, eine der stärksten sowjetischen Spielerinnen, die mit Spasskijs Trainer Igor Bondarevskij verheiratet ist, sich auch nicht mehr beherrschen und brach in Tränen aus. Als er das hörte, bemerkte Karpov: »Die Kozlovskaja weint nicht zum ersten Mal meinetwegen. Das gab es schon mal 1963, als ich mit zwölf Jahren sie immerfort im Blitzspiel besiegte...« Blitzschnelle Partien! Blitzpartien. Ein Duell der Spieler. Ein erstes Tacktack wie von Schüssen, und dann sofort wie eine Maschinengewehrsalve das Knattern der Figuren. Einen gefährlichen Zug parieren, kaltblütig und listenreich ebenso erwidern. Und wieder parieren, um selbst angreifen zu können. Und bei alldem vergehen die den Gegnern zugemessenen zehn Minuten (fünf für jeden), und die Lösung naht unentrinnbar.

Die Schachspieler lieben die »Pjatiminutka«, das Fünfminutenspiel. Allerdings gibt es Ausnahmen – Botvinnik zum Beispiel. Unter den bedeutenden Großmeistern dürfte er der Einzige sein, der keine Blitzpartien spielt. Dafür ist Tal das andere Extrem: sogar während seiner Krankheit versteckte er die Uhr mit zwei Zifferblättern unter seinem Kopfkissen, damit der Arzt sie nicht sähe, und erwartete brennend vor Ungeduld immer neue Besucher in seinem Krankenzimmer, zu denen auch der junge Meister Karpov gehörte. Bevor Karpov zur Jugendweltmeisterschaft 1969 abreiste, endete ein Match mit dem allerdings kranken Tal unentschieden 10:10, worauf Tal sagte: »Der ist ganz in Ordnung, er kann ruhig fahren!« Ja, es hat eine Zeit gegeben, in der der heutige Weltmeister sich für Blitzspiele begeisterte. Sein Kamerad und nunmehriger Sekundant Jurij Razuvaev erzählt sehr anschaulich, wie sie schon auf der ersten Session von Botvinniks Fern-Schachschule nächtelang Blitzpartien »abschlitzten«. Nicht genug damit –

Karpov veranstaltete noch »Zusatzprüfungen« in Domino, Dame und Schach! Und ging unweigerlich als Sieger daraus hervor. Noch früher, als Kind, hatte Anatolij in Slatoust zahlreiche Blitzturniere gewonnen – mit seinen neun Jahren besiegte er alle Erwachsenen mit Leichtigkeit. Man kann überhaupt die Regel aufstellen: wer in der Jugend in Blitzpartien gut ist, der hat Talent. Das ist durch viele Beispiele bewiesen. Ich führe noch eines an.

Die Familie Korčnoj machte Urlaub in der Nähe von Leningrad. Am Tag vor der Jugendweltmeisterschaft nahm Karpovs Trainer Furman seinen Schützling als Gast mit zum Großmeister. Es war schon längst dunkel, aber Korčnoj spielte mit dem jungen Mann eine Blitzpartie nach der anderen. Der erfahrene Furman war ernstlich beunruhigt und flüsterte Anatolij warnend zu: »Wenn du verlierst, mußt du sehen, wie du die dreißig Kilometer bis nach Hause schaffst, wenn du aber, Gott geb's, gewinnst, gibt uns Viktor Lvovič sein Auto.« Korčnoj, der niemals Lächelnde, der die jungen Leute durchaus nicht verwöhnt, riß seine Autotür auf. . . Und eine Woche später bot Korčnoj, dieser Meister im Blitzspiel, Karpov einen Gegenbesuch an, doch die Revanche fand nicht statt. . .

»Na ja, Blitz – das ist ganz interessant«, sagt Karpov heute, »aber ich glaube, man sollte sich nicht übermäßig dafür begeistern, denn es raubt viel Zeit, es zieht einen hinunter wie ein Sumpf. Ich beobachte eine interessante Gesetzmäßigkeit: bin ich für ein seriöses Turnier gut vorbereitet, spiele ich hundsmiserable Blitzpartien. Und umgekehrt. Früher habe ich bei gewöhnlichen Wettkämpfen oft Blitz gespielt, jetzt habe ich es mir verboten.«

Sogar in seinen Passionen ist er vernünftig und hält sich an die goldene Mitte. Hat es aber erst einmal gefunkt, dann ist er nicht mehr zu bremsen. Beim Allunions-Blitzturnier 1972, an dem kaum ein starker Spieler nicht teilnahm, lag Karpov nach der ersten Runde weit hinter dem führenden odessitischen

Großmeister Vladimir Tukmakov zurück. Alle waren müde – es war ein gewaltiges Turnier –, doch der schmächtige Karpov entwickelte in der zweiten Runde eine unerhörte Schnelligkeit und holte den Spitzenreiter ein. Sie teilten sich in den ersten und zweiten Platz, dennoch wurde der Hauptpreis Tukmakov zugesprochen. Nach diesem erschöpfenden Kampf war Karpov für lange Zeit der Geschmack am Blitzspiel verdorben, aber er konnte seinen vermeintlichen Mißerfolg nicht vergessen, und als er eines Tages nach Odessa geriet, fand sich eine Gelegenheit, mit Tukmakov zu einem Match mit vielen Blitzspielen zusammenzutreffen. Nach einem Stand von 0:13 nahm sein Gegner die Hände hoch ...

Wenn man Karpov lange und aufmerksam beobachtet, fällt wohl am meisten sein Ehrgeiz in die Augen. Freilich keine krankhafte Ruhmsucht, sondern bewußter Ehrgeiz. Niederlagen sind ihm eine Qual, er will unter allen Umständen Revanche und ruht nicht eher, als bis er sie erreicht hat. Seiner Natur nach ist Karpov ein Spieler im besten Sinne des Wortes – letzten Endes ist ja jedes Spiel mehr oder weniger Sport.

Wissen Sie, wie er spielt? Nein, nicht Schach, sondern – nun, sagen wir Billard oder irgend ein anderes Spiel? Erstaunlich engagiert. Und wenn Sie gewinnen und – was Gott verhüte – sich etwa gar über ihn lustigmachen sollten, dann kann er ernstlich beleidigt sein. Dann haben Sie eine finstere Wolke vor sich, die noch einen Augenblick zuvor wie ein harmloses Wölkchen aussah. Er wankt und weicht nicht vom Spieltisch, und wenn er nun doch der Schwächere sein sollte, dann wird er eine freie Stunde suchen, um zu trainieren und wird sich an seinem Beleidiger rächen. Das Erstaunliche dabei: zwar ist er fuchsteufelswild über sich selbst und über Sie, dennoch spielt er mit Köpfchen, mit Witz und List, und seine Selbstbeherrschung verläßt ihn nie.

So daß es sich hier nicht einfach um ein sportliches Hazardspiel handelt, sondern um etwas grundsätzlich anderes. Es ist erstaunlich, wie treffend er sich selbst und seine inneren Möglichkeiten einzuschätzen weiß. Bestimmt ist dies die natürliche Begabung eines Menschen, der gewillt (und gewohnt!) ist, immer der Erste zu sein.

Bei den meisten Spielen, die Berechnung und Nachdenken erfordern, hat er kaum jemals ebenbürtige Gegner. Womöglich hat gerade diese Leidenschaft des Spielers, der felsenfest an seine eigene Kraft glaubt, ihn zum Match mit Bobby Fischer gerufen, selbst dann noch gerufen, als schon klar war, daß der amerikanische Großmeister unannehmbare Bedingungen stellen würde. Es ist aufschlußreich, daß Anatolij Karpov noch nach seiner Ernennung zum Weltmeister öffentlich erklärte, er sei willens und bereit, sich mit dem ehemaligen Weltmeister zu messen. Er wollte spielen! Und es war durchaus nicht so, daß Karpov fürchtete, jemand könne seine Weltmeisterschaft in Zweifel ziehen, wenn er Fischer nicht besiegt hätte. Er hat schon als Kind begonnen, auf der Schachleiter immer höher emporzusteigen und braucht die Stimmen einzelner Skeptiker, er maße sich den Titel nur an, nicht zu berücksichtigen. Es handelt sich hier um eine Sache des Charakters. Der internationale Meister Jurij Razuvaev sagt schmunzelnd: »Die vom Ural, die sind so. . . Ich hab mal bei einer Simultanvorstellung in Slatoust einem Jungen in gleicher Position Remis angeboten, und was meinen Sie, er hat mich nicht mal einer Antwort gewürdigt!«

Die große Ballerina Galina Ulanova besuchte eine Partie im Match Karpov–Korčnoj, sah Karpov auf der Bühne herumspazieren, und war betroffen von der natürlichen Sicherheit seiner Bewegungen. Es fiel ihr besonders auf, in welchem Maße der künftige Weltmeister in sich selbst versunken war, es schien, als existiere für ihn nichts als das Brett und der Gegner. Es wird erzählt, Aleksandr Alechin habe die elementarsten Fragen nicht beantworten können, wenn er in höchster Konzentration am Brett saß und man ihn unerwartet ansprach, derart war er im Spiel aufgegangen. Auch andere bedeutende Schachspieler haben diese Eigenart. Auch Anatolij Karpov geht ganz im Spiel auf, er ist ganz Aufmerksamkeit und Konzentration, aber. . . fragen Sie ihn in solchen Augenblicken nach etwas ganz Fernliegendem, nach etwas, worüber Sie vor einigen Tagen mit ihm gesprochen haben, und er wird sich so völlig mühelos in das Gespräch einschalten, als sei es nur eben unterbrochen gewesen. Er bemerkt, wo im Saal seine Bekannten sitzen und was sie tun. Bei der Weltolympiade war der Spielsaal nicht kleiner als ein Fußballplatz, und um Karpovs Brett drängten sich die Schachfreunde. Nach dem Spiel fragte er plötzlich: »Worüber hast du dich denn gute zehn Minuten lang mit K.'s Frau unterhalten?«

(K. war einer der Großmeister.)

Sein Temperament ist für Außenstehende nicht zu erkennen. Doch seine Augen verraten alles. Das wissen seine Freunde, und das weiß auch Dmitrij Donskoj, der ihn unentwegt fotografiert.

»Diese Augen sind von einer Schwere, die sie nicht haben dürften«, sagt der bekannte Schauspieler Rostislav Pljatt, »vielleicht sind es die Augen eines Genies?«

Nun, was sein Genie betrifft, da werden vielleicht zu große Worte gemacht. Als im kleinen Kreise sein Sieg über Spasskij gefeiert wurde, fragte ihn ein erst neu Hinzugekommener ziemlich unverblümt: »Tolja, womöglich bist du ganz einfach ein Genie?« Anatolij Karpov überlegte ganz ernsthaft und winkte dann ab: »Aber nein, wie kommst du darauf... Natürlich nicht!«

Um noch einmal auf seine Augen zu kommen. . . Seinen tastenden und durchdringenden Blick kann man nicht lange aushalten. Es gibt Augenblicke, in denen er sogar einem Nur-Beobachter unheimlich wird. Und so wie seinerzeit der Großmeister Pal Benkö beim Spiel gegen Tal demonstrativ eine dunkle Brille aufsetzte, griff auch Korčnoj beim Finalmatch mit Karpov zur Sonnenbrille.

»Ja, ich weiß, ich habe diese Angewohnheit«, gesteht Anatolij. »Bestimmt denken alle: der will wohl etwas ausforschen? Vielleicht. Aber Tal zum Beispiel, der will mit seinem Blick etwas suggerieren, ich will doch nur ausforschen...«

Schach wird von lebendigen Menschen gespielt. Sie studieren einander. Sie sind Gefühlen unterworfen. Hunderte, Tausende, Millionen, die ihre Züge nachvollziehen, erleben dasselbe wie sie, auch jene, denen die Geheimnisse dieser Welt des Kampfes verschlossen sind.

Niederlage und Sieg sind eins. Der eine verliert, der andere findet... Eigentümliche Einheit der Gegensätze. Das bedeutet, es besteht ein ständiger Kontakt. Das bedeutet, es besteht ein inneres Gespür für den Partner. Das bedeutet, das Schachbrett scheidet die beiden Kämpfer nicht nur, sondern es gibt wie ein hochempfindlicher Leiter den Höchstspannungsstrom von einem zum anderen weiter. Dieser Strom läuft die Linien des Schachbretts entlang. Jene Linien, die die Partner zugleich trennen und verbinden, nennt man beim Schach die *Vertikalen.* Sie zu öffnen, um mit den eigenen schweren stärksten Figuren ins feindliche Lager einbrechen zu können, wird am allerhäufigsten versucht. Auf acht Vertikalen prallen die Figuren gegeneinander. Auf acht sichtbaren Vertikalen.

Wo aber prallen die Charaktere gegeneinander? Auch auf einer Vertikalen? Ja, aber diese Vertikale spüren nur die beiden, die einander gegenübersitzen. Diese neunte Linie, die Linie der Charaktere, ist vielleicht die wichtigste. Um sie wird der Kampf am erbittertsten geführt. Ein Sieg auf dieser Linie ist meist das Signal für einen nun folgenden Angriff über das ganze Brett.

An dieser unsichtbaren Front verfügt Karpov über gewaltige Kräfte, und er ist immer bereit, weitere Verstärkung aus dem geheimen Arsenal seiner Kämpfernatur heranzuholen. Hier dominiert er, und deswegen siegt er.

Worte und Begriffe sind vieldeutig. Im täglichen Leben bezeichnen wir mit dem Wort »Vertikale« eine Linie, die nach oben, schnurstracks nach oben strebt und keine Abweichung kennt.

Napoleon, der ein Schüler des Mathematikers Laplace war und vielleicht deshalb die Akkuratesse liebte, behauptete, ein wirklicher Feldherr könne nur der sein, dessen kriegerische Fähigkeiten ein ganz bestimmtes Quadrat bildeten: auf der Vertikalen prägt sich die natürliche Begabung aus, auf der Horizontalen die stärksten Charaktereigenschaften.

Was folgt nun daraus? Es folgt daraus, daß die neunte Vertikale auf dem Schachbrett, über die wir soeben gesprochen haben, nichts anderes ist, als die Dimension des Charakters im Sinne Napoleons.

Karpovs natürliche Begabung ist so, daß wir seine Vertikale erstaunlich hoch aufsteigen sehen. Sein Leben als Sportler bestätigt es: auf der aufsteigenden Linie sehen wir nichts als bedeutende Turniererfolge, sehen wir atemberaubende Siege. Diese Linie schwankt nicht, sie ist keine Erfolgs k u r v e , sondern eine Vertikale.

So laufen zwei Vertikalen in eine zusammen. In Karpovs Vertikale!

Der Schachprinz

Das war eine sehr komische Geschichte: 1966 kam aus der Tschechoslowakei in die UdSSR eine Einladung zu einem internationalen Turnier. Sei es nun, daß im Telegramm die Wettkampfbedingungen ungenau dargelegt waren, oder daß bei der Schachföderation der UdSSR irgendetwas verwechselt worden war – jedenfalls kam man in Moskau zu dem Schluß, es handle sich um ein Jugendturnier. Also wurden der fünfzehnjährige Schüler Anatolij Karpov und Viktor Kuprejčik, Student im ersten Semester an der Universität Minsk, in die Tschechoslowakei geschickt.

Als die jungen Leute an Ort und Stelle waren, erwies es sich, daß durchaus kein Jugendturnier geplant war, sondern daß außer den tschechoslowakischen Großmeistern auch die gesamte Auswahlmannschaft der ČSSR spielen würde. Was nun? Man konnte doch nicht einfach nach Hause fahren?!

Anfangs hatten Karpov und Kuprejčik je zwei Partien am Tag zu spielen: sie waren nicht pünktlich zu Turnierbeginn erschienen und mußten das Versäumte nachholen. Und so sonderbar es klingen mag: ausgerechnet diese ersten Runden zeichneten sich durch besonders hohe Qualität aus. Gleich in der ersten Runde gewann Karpov gegen Jan Smejkal, die tschechoslowakische Hoffnung, und dann zwang er noch viele andere Konkurrenten, unter ihnen V. Kuprejčik, die Waffen zu strecken.

45

»Ich weiß nicht warum, aber niemand konnte sich meiner Spielweise und meinem harmlosen Eröffnungsrepertoire anpassen«, sagt Karpov im Rückblick auf dieses Turnier. »Mit besonderem Erfolg spielte ich damals eine schon fast aus der Mode gekommene Variante der Sizilianischen Verteidigung und eine Spanische Partie. Ich verlor keine einzige Partie, und eine Runde vor Turnierschluß sicherte ich mir den ersten Platz.«

Als die jungen Spieler nach Moskau zurückkehrten, bat ein Redakteur der Zeitschrift »Schach in der UdSSR« Tolja Karpov, eine seiner Partien für die Zeitschrift zu kommentieren. Als er nach anderthalb Stunden wiederkam, lag auf dem Tisch ein Schulheft, in dem mit kindlicher Schrift, aber in durchaus professioneller Schachsprache eine interessante Partie kommentiert war. Vorangestellt war eine kleine Notiz des Autors mit der Überschrift: »Ein Sieg Tolja Karpovs«.

Der Sieg des fünfzehnjährigen Meisters war durchaus überzeugend: Karpov sammelte elf von dreizehn möglichen Punkten und übertraf damit Kupka und Kuprejčik um eineinhalb Punkte. Vierter wurde Smejkal mit 8 1/2, ihm folgten E. Novak und Sikora und andere Meister, die zu den stärksten Spielern der Tschechoslowakei gehörten. Das internationale Debut war glanzvoll gelungen!

Im darauffolgenden Jahr wurde Tolja Karpov für das Pokalspiel um die Jugendmeisterschaft gemeldet, das in Groningen stattfand. Da dieses Turnier äußerst populär war, wurde es 1968 als offizielle Austragung der *Europäischen Jugendmeisterschaft* anerkannt, dem Sieger wurde der Titel eines Internationalen Meisters verliehen. Der Korrektheit halber sollte man die meisten Teilnehmer als Junioren und nicht als Jugendliche bezeichnen, denn in Groningen waren Spieler zugelassen, die am 1. September im Jahr des Turnierbeginns noch keine einundzwanzig Jahre alt waren. Kurz gesagt, es traten hier schon recht erwachsene junge Männer auf, und der sechzehnjährige Anatolij Karpov stand vielen nicht nur an Körpergröße, sondern auch an Alter nach.

»Für mich ist mit diesem Turnier eine sehr spaßige Geschichte verbunden«, sagt Karpov und lächelt amüsiert. »Ich konnte damals weder Englisch noch eine andere Fremdsprache, und sie hatten mich mutterseelenallein ins Ausland geschickt. Damit ich Knäblein mich nicht verirrte, hatten sie mir einen extra Geleitbrief mitgegeben, in dem gebeten wurde, mir in Groningen den Weg zum Turnier zu zeigen. Das beruhigte mich, doch als ich in den Zug gestiegen war, fiel mir plötzlich ein: Na schön, ich werde das Schreiben vorzeigen, aber wie soll ich verstehen, was die zu mir sagen? Hinzu kam noch, daß ich zunächst bis Ammersford fahren und dort nach Groningen umsteigen sollte.

Zum Glück nahm mich in Ammersford Herr Withaus in Empfang – ein bekannter Verleger von Schachliteratur. Ich war wohl der Kleinste im ganzen Zug, obendrein steigt an dieser Station kaum jemand aus. So wartete er also ab, bis die wenigen Reisenden sich verlaufen hatten und auf dem Bahnsteig nur noch ein Junge übrigblieb, auf den er dann zuging. Wir tranken Kaffee, dann kam die elektrische Bahn nach Groningen, mein guter Genius setzte mich hinein und bat den Schaffner, sich um mich zu kümmern. In Groningen war es schon schwieriger, denn keiner von den Turnierveranstaltern war auf den Bahnsteig gekommen. Ich stand eine ganze Weile da und beschloß dann, in die Stadt zu gehen, aber als ich meine Fahrkarte gerade am Ausgang abgegeben hatte (das muß man dort sonderbarerweise tun), fiel ich meinen Gastgebern in die Hände, die mich erwartet hatten.«

Das Halbfinale des Turniers ging nach Schweizer System über sieben Runden. Dieses System ist ideal, wenn es sich darum handelt, eine Auswahl für das Finale derartiger Turniere zu treffen: es kommen in der Regel alle Stärksten ins Finale. Im Ausscheidungsturnier erzielte Karpov viereinhalb von sieben

Punkten. Er siegte in den beiden ersten Kämpfen, die übrigen endeten unentschieden, und da er sich die Plätze 2–6 teilte, kam er ins Hauptfinale.

»Den ersten Zug in meiner ersten Finalpartie (gegen Schaufelberger) machte der Abgott des holländischen Publikums, der Exweltmeister Dr. Max Euwe, der nach Groningen gekommen war. Er fragte mich, wie er ziehen solle und zog dann 1. e2–e4...

Wir wohnten in einem gemütlichen Hotel ganz in der Nähe von Martini-Hall, wo das Turnier stattfand. Es wäre alles sehr schön gewesen, nur roch es im Saal leider sehr streng nach dem Tabak, den wir später päckchenweise als Geschenk bekamen. Die Gastgeber nehmen mir hoffentlich nicht übel, daß ich nie versucht habe, ihn zu rauchen, ich war nur höchst erstaunt, daß Jungen, die noch halbe Kinder waren, sich gleich im Saal Selbergedrehte ansteckten.«

Nach drei Runden wurde Jan Timman mit hundertprozentigem Ergebnis Tabellenführer, Karpov lag einen halben Punkt hinter ihm, in der vierten Runde mußten sie die Klingen kreuzen. Bei derartig knappem Finalabstand (insgesamt sieben Runden) wurde der Zweikampf der Anführer entscheidend: in den folgenden Tagen erlitt der aus dem Gleichgewicht geratene Timman zwei weitere Niederlagen, Karpov spielte die restlichen Partien sehr sicher ab.

Mag sein, daß Karpovs Taktik in diesem Wettkampf (vor allem im Halbfinale) dem einen oder anderen übertrieben rechnerisch erscheint und bei den Schachromantikern vollends Widerwillen erregt. Man darf aber nicht vergessen, daß die Kämpfe eine offizielle Veranstaltung waren und daß der sowjetische Spieler nur eines wollte: der Erste sein. Die knappe Turnierdistanz diktierte ihre Bedingungen. Hören wir Michail Botvinnik, der für seine kompromißlose Auffassung des schachlichen Kampfes seit langem bekannt ist:

»Karpov hat in Groningen mühelos gesiegt. Ein gescheiter Sportsmann weiß, wann er auf Gewinn zu spielen hat und wann er ein schnelles Remis herbeiführen kann. In Schachkreisen des Westens hat man Anatolij wegen einer Reihe schneller Remisen beim Groninger Turnier sogar kritisiert. An sich ist so etwas nicht besonders schön, aber es verdient Anerkennung und Bewunderung, daß der sechzehnjährige Meister sehr gekonnt eine Taktik anwandte, die nur für reife Großmeister typisch ist.«

In jene Zeit fällt auch ein Ereignis, das in Karpovs fernerem Leben eine wichtige Rolle spielen sollte – erstmals fand sich für ihn ein nicht nur zeitweiliger, sondern ständiger und wirklicher Trainer. Der Trainer seinerseits fand einen Schüler, wie er ihn sich nur immer erträumen konnte und mit dem zu arbeiten sein wichtigstes Unternehmen wurde.

»Ich lernte Anatolij Karpov Ende 1968 kennen, am Tag vor den Mannschaftskämpfen um die UdSSR-Meisterschaft. Die Schachspieler der Roten Armee hatten ein Trainingstreffen hinter sich, an dem auch Anatolij teilnahm – er war eingeladen worden, am ersten Jugendbrett zu spielen«, erzählte Großmeister Semjon Furman.

Dieser Bericht stimmt allerdings in einem Punkt nicht ganz: die späteren Kampfgenossen sind sich wesentlich früher zum ersten Mal begegnet, schon im Jahre 1963, haben diese Begegnung aber sehr bald vergessen.

Infolge seines feinen Einfühlungsvermögens und seiner enormen Kenntnisse im Eröffnungsspiel war Furman schon öfters als Sekundant hervorragender Großmeister aufgetreten, bei diesem Spiel nun hatte Michail Botvinnik ihn sich als Assistenten erbeten. Als im Match um die Weltmeisterschaft eine Partie zwischen Botvinnik und Petrosjan in schwieriger und unklarer Position verlängert wurde, erkühnte sich Furman, seinem launenhaften Gönner einen Rat zu geben, der dessen Meinung zuwider lief. Botvinnik hatte seine Chancen überschätzt, aber der wachsame Sekundant sah eine ernste Gefahr voraus und empfahl das Remis, um Schlimmeres zu vermeiden. Gerade um diese Zeit veranstaltete der Sportverband

»Trud«, dem auch Botvinnik angehört, bei Moskau einen Lehr- und Trainingskurs, und die Leiter des Unternehmens brauchten dringend hochqualifizierte Dozenten. Also schickte Botvinnik seinen Sekundanten, der ihn geärgert hatte, in die Verbannung, wo er den von allen Enden Rußlands herbeigereisten Schachspielern Vorlesungen halten sollte.

(Freilich wurde Furman schon zwei Tage später abermals nach Moskau gerufen, denn der Weltmeister hatte seinen Rat nicht befolgt und die unterbrochene Partie verloren.) Im Familienarchiv der Karpovs wird ein vergilbtes Amateurfoto aufbewahrt, auf dem man Semjon Abramovič Furman vor einem kleinen Auditorium eine Vorlesung halten sieht. Über einem der Tische kommt gerade noch der Kopf des kleinen Tolja Karpov zum Vorschein, und man sieht, daß er den Worten der Moskauer Berühmtheit andächtig lauscht. Das war Anfang 1963, aber Furman meint, sie seien sich erst fünfeinhalb Jahre später begegnet: »Ein schmächtiger junger Mensch mit blassem Gesicht, auf den ersten Blick etwas phlegmatisch wirkend. Es schien mir geradezu, als ob er die Schachfiguren nur mit Mühe setzen könne. Sollte der wirklich im Sport etwas Bedeutendes erreichen können?«

Als der Großmeister Eduard Gufeld den späteren Weltmeister zum ersten Mal sah, sagte er: »Dieser Junge wird niemals Großmeister sein. . ., er ist zu mager.« Worauf der neben Gufeld stehende Efim Geller leicht ironisch bemerkte: »Ja, natürlich, jeder mißt mit seiner Elle. Du zum Beispiel, Edik, du bist Großmeister geworden, als du hundert Kilo geschafft hattest. . .«

»Ja, die Natur hat Anatolij Karpov keinen hünenhaften Körperbau beschieden«, sagt Furman, »aber sie hat ihn mit einem seltenen Schachtalent und mit Geistesstärke entschädigt. Als ich anfing, mit Karpov zu arbeiten, erkannte ich sofort, daß er ein sehr befähigter Spieler mit großen Aussichten ist. Und ich habe mich nicht geirrt.«

50   Anatolij Karpov mußte vor allem unbedingt das Aus-

wahl-Match-Turnier gewinnen, um zur *Jugendwelt-meisterschaft* nach *Stockholm* fahren zu können. Sein Sieg in diesem Turnier beseitigte die letzten Bedenken, und er wurde als Delegierter der UdSSR zur *Jugendweltmeisterschaft 1969* geschickt.

Das Gold der Weltmeisterschaft war unseren jungen Leuten lange Zeit einfach unerreichbar, und ein Gefühl des Ärgers und einer gewissen Fassungslosigkeit ist das Schachvolk der UdSSR nie losgeworden. Sollte sich denn in dem riesigen Schachland kein junges Talent finden, das ebenso erfolgreich wäre wie Boris Spasskij, der 1955 seine Überlegenheit überzeugend bewiesen hatte?

Es gibt doch gar nicht so wenig hochberühmte Wunderkinder, die meteorengleich aufleuchten und bei der ersten ernsthaften Prüfung ebenso schnell hinterm Schachhorizont verschwinden!? Zu denen gehörte Karpov glücklicherweise nicht. An seinen Sieg glaubten viele. Aber Boris Spasskij erklärte am Tag vor Karpovs Abreise nach Stockholm: »Ich bin überzeugt, Karpov wird denselben Erfolg haben wie ich vor vierzehn Jahren und wird Jugendweltmeister werden.«

Als Anatolij Karpov zurückkam, berichtete er:

»Ich habe die ganze Zeit an meinen Enderfolg geglaubt, obgleich mich zu Anfang natürlich auch die psychologische Barriere behinderte, die die vorhergehenden unaufhörlichen Mißerfolge meiner Landsleute errichtet hatten. Übrigens konnte ich ja bereits erfreuliche persönliche Erfahrungen im Ausland machen, vor allem in Holland beim vorjährigen Turnier der stärksten europäischen Junioren. Für meine Hauptkonkurrenten hielt ich den Ungarn Andras Adorjan und den Schweden Ulf Andersson, aber als im letzten Augenblick plötzlich der frühere Weltmeister, der Puertoricaner Julio Caplan auftauchte, kam es mir gleich so vor, als werde der mein schwierigster Gegner sein. Doch Caplan hatte sich zu eisern in den Kopf gesetzt, mich auszustechen, und so verlor er sogar den zweiten Platz.

Die erste Partie gewann ich, aber dann stellte es sich heraus, daß ich gegen einen schwachen Spieler gewonnen hatte – er wurde von allen geschlagen. Dann bei der zweiten Runde konnte ich mit dem Schweizer Werner Hug nicht fertigwerden... Der dritte Kampf im Halbfinale wurde hart und dramatisch, und im Grunde genommen war es der für mich wichtigste im ganzen Match. Ich war erkältet und konnte mich nicht überwinden, lange Varianten zu errechnen. Außerdem hatte ich die überdurchschnittliche Stärke des Philippinos Eugenio Torre eindeutig unterschätzt. Der Kampf war erbittert, die Gewinnchancen verschoben sich wie die Muster in einem Kaleidoskop. Ich stand anfangs besser, dann nahm ich ein Bauernopfer an und geriet in einen Angriff. An die vierzig Minuten überlegte ich. Ich sah, wie Torre sich aufregte und im Zimmer herumspazierte... Und dann war da noch etwas. Bei unseren Uhren geht das Blättchen etwa drei Minuten vor der Kontrolle in die Höhe, bei denen in Schweden aber eine Minute vor Kontrolle. Ich weiß nicht, wie ich das erst vergessen konnte, dann beeilte ich mich und machte einen schlechten Zug. Ich war einen Bauern los. Ich hätte den starken Freibauern retten können, doch ich beschloß, ihn herzugeben und am anderen Flügel eine Festung aufzubauen, aber aus der Festung wurde nichts... Dann stellte ich noch einen Bauern ein, und nun war die Position absolut hoffnungslos. Bei der ersten Wiederaufnahme irrte sich Torre mehrmals, aus irgendeinem Grunde war er mit dem König hinter meinem Turm her, und beim zweiten Mal wurde die Partie dann schon mit Chancen für Remis verlängert, das ich glücklich auch erreichte.

Während dieser Hängepartie konnte ich noch ein Spiel gewinnen. Zwar lief das Spiel noch nicht ganz so, wie ich wollte, aber meine Aufregung war vergangen. Die beiden letzten Runden im Halbfinale fielen für mich günstig aus: während ich mit dem Schotten Mackay Frieden schloß, verdroschen sich alle anderen Konkurrenten noch gewaltig, und unabhängig vom Spielausgang in der letzten Runde war für mich die Teilnahme am Hauptfinale A bereits gesichert. (Diese letzte Partie gewann ich, und so kam ich auf den ersten Platz im Halbfinale.)

Ich kann ehrlich sagen, daß für mich das Spiel im Finale sehr viel leichter und weniger aufregend war als im Halbfinale. Eins ist interessant: zu Anfang des Turniers wurde viel geredet, es hieß, so stark sei ich ja nun auch wieder nicht. Und dann wieder behaupteten manche sogar, ich hätte im Halbfinale absichtlich schwach gespielt, und das sei eben die Kriegslist der Russen... In Wirklichkeit ist alles damit zu erklären, daß im Lauf des Matchs meine innere Sicherheit größer und meine Laune besser wurde.

Während der Tage in Stockholm lernte ich Spasskij näher kennen. Er war zu einem Gastspiel mit Bent Larsen gekommen. Der Weltmeister spielte mit dem berühmten dänischen Großmeister zwei Schaupartien, die dann im schwedischen Fernsehen kamen, und besuchte auch unser Turnier. Ich spazierte mit Spasskij in der Stadt herum, wir aßen zusammen zu Abend. Und wissen Sie, solche Kleinigkeiten wirken sich mitunter segensreich auf die Stimmung aus... Da war noch eine kleine, auf den ersten Blick unbedeutende Episode, durch die mein Mut gewaltig aufgeladen wurde. Für gewöhnlich kam ich drei oder vier Minuten vor Spielbeginn und setzte mich an den Tisch. Einmal sitze ich da und denke an irgendwas Privates, da hör ich auf einmal: Anatolij! Mein Name wird im Ausland kaum jemals ohne Akzent ausgesprochen, und nun hier auf einmal reines Russisch! Ich seh mich um — kein Bekannter zu sehen. Dann noch einmal diese Stimme. Es stellte sich heraus, daß ein alter Mann, der schon zur Zarenzeit in Skandinavien lebte, mein Bundesgenosse war. Ich wollte mich vor meinem Landsmann nicht blamieren, und die Partie mit dem Schweden fiel ganz gut aus. Was Ruhe und gutes Vorbereitetsein anbetrifft, da habe ich dem Großmeister Semjon Furman viel zu verdanken. Er ist als Mensch und als Trainer großartig, hat mir sehr viel geholfen, mich in den vielen Schachkniffen zurechtzufinden und mir beigebracht, wie man ein ausgewogenes System für das Studium eines Spiels aufbaut.«

Der Trainer des Weltmeisters ergänzt diesen Stockholmer Bericht:

»Die Vorbereitung zur Weltmeisterschaft fand unter mehreren Aspekten statt. Zunächst ist es für den Schachspieler sehr wichtig, sich selbst zu erkennen. Das ist nicht so einfach, vor allem nicht im jugendlichen Alter. Bei der Arbeit mit Karpov gelang es uns, die starken und die schwachen Seiten seines Spiels herauszustellen, es zeigte sich zum Beispiel, daß Anatolij mit der Eröffnungstheorie sozusagen auf Kriegsfuß stand. Ich war über diesen Umstand direkt erfreut. So eine Scharte ist leicht auszuwetzen, und schon sehr bald hatten wir sie beseitigt. Freilich ist Karpovs Eröffnungsrepertoire noch immer ziemlich begrenzt, aber wir haben uns auch gar nicht bemüht, es zu erweitern. In jenem Augenblick bestand unsere Hauptaufgabe darin, im konkreten Wettkampf Erfolg zu haben, und ich habe mich bemüht, Karpovs Kenntnisse bestimmter Eröffnungsschemata zu vertiefen. Mich freute die Natürlichkeit von Karpovs Schachtalent – sein feines Positionsgespür, das heißt diese besondere Intuition, die große Schachspieler immer auszeichnet. Ferner achtete ich bei ihm auf ein meisterhaftes Endspiel und auf technische Genauigkeit der Partieführung.

Doch wie sollte man diese starken Seiten von Karpovs schachlichem Schöpfertum im bevorstehenden Wettkampf am rationellsten einsetzen?

Ich studierte die Partien von Karpovs künftigen Gegnern und gewann den Eindruck, daß die jungen Ausländer in der Hauptsache gute Taktiker, aber schwache Strategen sind. In der Regel suchen sie einen passenden Moment, in dem sie dem Gegner einen taktischen Hieb versetzen können, kümmern sich aber nur selten um die strategische Ganzheit der Partie. Deshalb beschlossen wir, daß Karpov solche

Eröffnungen und solche Entwicklungsschemata wählen solle, die seinen Gegnern nicht die Möglichkeit gaben, das Spiel ungestraft zuzuspitzen. Ich greife vor und bemerke, daß diese Art der Kampfführung sich als die zweckdienlichste erwies und sich hundertprozentig rechtfertigte.

Wir mußten auch auf Anatolijs physische Vorbereitung achten. Tägliche Morgengymnastik war ihm vorgeschrieben. Im Trainingslager hatte Anatolij oft Badminton und Tischtennis gespielt, er hatte auch gerudert. Zunächst wollten wir uns bei Moskau erholen, übersiedelten dann aber in die Leningrader Gegend, nach Zelenogorsk mit seinem fast skandinavischen Klima. Ein derartiger Ortswechsel war sehr zweckmäßig, denn die Jugendweltmeisterschaften fanden in Stockholm statt und Anatolij mußte sich unbedingt akklimatisieren.

Waren wir vom Enderfolg überzeugt?

Ich muß offen sagen, ich war nicht restlos von Karpovs Sieg überzeugt. Erstens waren schon viele sowjetische junge Männer auf dem Schild zurückgekehrt, zweitens kannte ich die Spielführung von Anatolijs künftigen Gegnern nicht so ganz genau, zumal der endgültige Teilnehmerstand des Turniers erst am Tag vor der ersten Runde bekanntgegeben wurde. Allerdings kannte ich Karpovs Stärke genau und wußte, wozu er fähig war. Aber schließlich ist alles relativ und wird nur beim Vergleich erkannt.

Was Anatolij selbst betrifft, so weiß er im allgemeinen, wieviel er wert ist. Mir scheint, vor Stockholm stand seine Siegesgewißheit mit seiner Stärke in Einklang. Wir kamen einige Tage vor Beginn der Weltmeisterschaftskämpfe nach Schweden, um uns besser zu akklimatisieren und das Milieu kennenzulernen.

Die Jugendweltmeisterschaft 1969 hatte eine Rekord-Teilnehmerzahl aufzuweisen. Achtunddreißig junge Männer aus siebenunddreißig Ländern rangen um die Weltmeisterschaft (Schweden hatte mit dem Recht des Hausherrn zwei Spieler aufgestellt.) Freilich war es nicht ganz klar, ob man England und Schottland als zwei verschiedene Länder betrachten dürfe, da sie aber auch in anderen Sportarten (zum Beispiel im Fußball) mit eigenen Mannschaften auftraten, versuchte niemand, gegen diese Tradition anzugehen.

Aus der Gesamtzahl der Teilnehmer wurden sechs Halbfinalgruppen gebildet, je zwei Sieger aus jeder Gruppe sollten das Hauptfinale bestreiten.

Dieses Auswahlsystem birgt bei derart kurzen Halbfinalen viele Überraschungen und ist überhaupt seinem Wesen nach unzulänglich. Es kann passieren, daß durchaus nicht die stärksten Spieler ins Hauptfinale gelangen. So wurden zum Beispiel der Amerikaner Rogoff und der Philippino Torre ausgebootet, während der Columbianer Castro, der merklich schwächer war als sie, ins Finale kam.

Im Halbfinale war Karpov sichtlich nervös. Seine Gegner stürmten zunächst darauflos, und es war nicht klar, ob Anatolij das Recht auf Remis haben würde oder sich unbedingt um den Sieg bemühen müsse. So spielte er gegen Torre und den Schweizer Hug scharf auf Gewinn und stand in beiden Partien hart an der Grenze der Niederlage. Überhaupt stellte ich fest, daß im Halbfinale vor allem jene Spieler aufgeregt waren, die allen Grund hatten, auf einen guten Platz im Finale zu rechnen.

Aber es lief alles gut ab. Karpov verlor keine Partie.

Ich war Anatolijs wegen beruhigt. Ich sah seine Aussichten für das Finale deutlich vor mir und wußte, daß er dort ganz anders spielen, daß er in ruhiger Umgebung seine besten Eigenschaften entfalten würde.

Meine Vermutungen wurden gerechtfertigt. Das Finale brachte ein völlig anderes Spiel. Karpov gewann eine Partie nach der anderen. Seine Siege wirkten sich in verhängnisvoller Weise auf das Spiel seiner Konkurrenten aus. Da sie erkannten, daß bei normaler Entwicklung Karpov unmöglich einzuholen sein würde, ließen sich manche auf ein Risikospiel ein, und das wurde ihnen zum Nachteil. Es gelang Anatolij, den Abstand zu seinen Gegnern noch zu vergrößern. Zwei Runden vor Turnierende war ihm der erste Platz sicher.

Natürlich konnte kein Mensch voraussehen, daß Karpov im Finale acht Partien hintereinander gewinnen würde. Er selbst hatte nicht mit einer solchen Siegesserie gerechnet. Und doch war dies kein Zufall. Wir haben genau definieren können, welche Taktik Anatolij anwenden müsse, um einen maximalen Erfolg zu erreichen. Karpov hat sich als einmalig begabter Schüler erwiesen. Er konnte das, was ich ihm bei der Vorbereitung zum Turnier zeigte, schöpferisch entwickeln. Sogar jene Ideen, die zur jeweils konkreten Eröffnung in keinem direkten Zusammenhang standen, hat Karpov auszuwerten verstanden.

Ich sprach bereits davon, daß die Hauptstärke der jungen Ausländer im taktischen Spiel lag. Deshalb hatte Karpov die Aufgabe, Positionen zu erreichen, in denen die taktischen Kniffe seiner Gegner zum Scheitern verurteilt waren. Das bedeutete, die Position mußte sicher sein und die Anlage des Spiels mußte sich aus den Erfordernissen der Position selbst ergeben.

Dennoch gelang es einigen Spielern mitunter, das Spiel zuzuspitzen und Anatolij auf das Gebiet des taktischen Kampfes sozusagen zu verschleppen. Dann aber befanden sie sich in ungünstigen Verhältnissen, denn sie agierten antipositionell.

An diesen Partien konnte man sich auch über Karpovs taktische Fähigkeiten eine Meinung bilden. Demnach war sein »solider« Kurs nicht ein Ergebnis mangelnden kombinatorischen Sehvermögens, sondern eine Sache der Zweckmäßigkeit und Sicherheit.

Karpovs prachtvolles Spiel und sein bescheidenes Auftreten gewannen ihm den Respekt und die Sympathie der schwedischen Schachfreunde. Viele Stockholmer wünschten ihm Glück und gratulierten später zum Erfolg. Während dieser Tage hatte Anatolij sich erkältet. Die Schweden waren sehr in Sorge und überschütteten ihn buchstäblich mit Arzneimitteln, einer brachte Anatolij eine Thermosflasche mit heißem Tee ins Hotel. Tolja war bald wieder ganz in Ordnung, und ich glaube, nicht nur die Medikamente, sondern vor allem die herzliche Anteilnahme der gastfreundlichen Stockholmer hat ihn so schnell wieder gesundgemacht.

Die schwedische Presse berichtete – ebenso wie Funk und Fernsehen – ausführlich über die Weltmeisterschaftsspiele. Natürlich zitterten die Schweden um ihren Ulf Andersson, der zweifellos ein sehr befähigter Schachspieler ist. Als Ulf noch Gewinnchancen hatte, war es unmöglich, an seinen Tisch durchzudringen. Später wurde das Interesse der Stockholmer auf Karpov umgeschaltet. Ich werde nicht vergessen, wie unter der Last der Zuschauer, die auf ein Fensterbrett gestiegen waren, um Anatolij besser sehen zu können, ein Heizkörper abbrach.«

Anatolij Karpov errang also den Titel des *Jugendweltmeisters*. Entsprechend den Regeln der FIDE wurde ihm dann auch der Titel *Internationaler Meister* zugesprochen. Noch etwas ist interessant: Viele Teilnehmer der Jugendweltmeisterschaftsspiele in Stockholm errangen als Erwachsene beachtliche Erfolge in der internationalen Arena. Die Namen Ulf Andersson, Enrico Torre, Andras Adorjan, Julio Caplan, Keineth Rogoff, O. Castro, L. Vogt und mancher andere sind in Schachkreisen heute weitbekannt. Übrigens war damals nicht nur Anatolij Karpov mit seinem persönlichen Trainer nach Stockholm gefahren. Den Ungarn Adorjan begleitete der Großmeister Bilek, den Argentinier Sumager – Julio Bolbočan, und der jugoslawische Großmeister Trifunovič betreute den Griechen Makropulos. Die schwedischen Organisatoren nutzten natürlich die sich bietende Gelegenheit und baten ihre Gäste zu einigen Simultanvorstellungen und Blitzturnieren.

Immer höher hinauf

Anatolij Karpov war also *Jugendweltmeister* und durfte nach den FIDE-Regeln auch den Titel *Internationaler Meister* führen.

Und was nun? Wie würde das Schicksal des jungen Meisters sich gestalten?

Mehrere bekannte Großmeister sind einmal Jugendweltmeister gewesen, und Karpov träumte natürlich schon damals davon, sich diese höchste Schachwürde zu erwerben.

Mit der Erwerbung des Titels *Internationaler Meister* hatte Anatolij Karpov ein gewaltiges Hindernis überwunden, das den Weg fast jeden begabten Schachspielers erschwert: bei uns in der UdSSR gibt es eine Menge guter Schachspieler, aber leider gibt es noch nicht genügend internationale Turniere, weshalb die Möglichkeiten, diesen Titel zu erwerben begrenzt ist. Und nur dieser Titel sichert einen freudigen Empfang durch die Veranstalter ausländischer Turniere. Als es nun Karpov gelang, gleich beim ersten Mal diese Barriere zu überwinden, tat sich vor ihm der Weg zu internationalen Wettkämpfen auf, und das gab ihm allerhand Chancen, die Großmeister-Norm zu erfüllen.

Schön und gut, es ist nur natürlich, wenn die Kronprinzen Könige werden. Aber wieviel Zeit benötigen sie dafür? »Großmeister kann jeder werden«, lautet ein makabrer Scherz, »aber nicht jedem reicht die Lebenszeit dafür aus...«

»Meiner Ansicht nach wird Anatolij zweifellos Großmeister werden«, sagte sein Trainer Furman. »Wann?
Ich denke, in ungefähr zwei Jahren. Aber das hängt
nicht nur von seinem Vorbereitetsein ab, sondern
auch von der Möglichkeit, sich an bedeutenden Wettkämpfen zu beteiligen. Je früher Anatolij es mit
Schachspielern der Extraklasse zu tun bekommt, um
so schneller wird er Großmeister werden.«
Auf die Frage, wann er den Kampf um den höchsten
Schachtitel zu beginnen gedenke, sagte Anatolij:
»Ich mag Prognosen nicht. Aber wenn Sie mich ernstlich fragen: die Meisterschaft der RSFSR in Kujbyšev
wird alles entscheiden. Vor allem regt mich der Gedanke auf, ob ich es schaffe, ins Finale der Landesmeisterschaft zu kommen und ob ich mit erfahrenen
Schachspielern gleich zu gleich spielen kann. Der
Kampf um die Meisterschaft der RSFSR ist durchaus
kein Turnier, in dem man den Großmeistertitel erwerben kann, aber meine Erfahrung bei Wettkämpfen in der UdSSR hat gezeigt, daß ein Sieg zum Beispiel in Kujbyšev im Schwierigkeitsgrad etwa der
Großmeisternorm entspricht.«
Karpov wurde *Meister der RSFSR* und gewann damit
das Recht, im nächstfolgenden Kampf um die Landesmeisterschaft zu spielen.

... Das *Internationale Schachturnier* in *Caracas* war
das nächstfällige und wurde unter dem besonderen
Protektorat des Präsidenten der Republik durchgeführt, der bei Eröffnung der Wettkämpfe persönlich
zugegen war.
Dabei war es noch gar nicht so lange her, daß in
Venezuela Schach als Glücksspiel galt und die Ein-
fuhr von Schachfiguren hoch verzollt werden mußte,
und zwar nach Kilogramm. Zur Zeit des Turniers
aber war nur Fußball noch populärer als Schach:
während einer Runde erlebten die Spieler ein ohren-
zerreißendes Konzert von Autohupen – Caracas
feierte den Sieg der brasilianischen Mannschaft im
Kampf um die Weltmeisterschaft.

Vor dem Turnier in Caracas hatte Anatolij Karpov nur fünf Partien mit Großmeistern spielen können, und zwar mit A. Gipslis, N. Krogius, A. Zajcev und zweimal mit V. Antošin. Und obgleich sich Karpov über das Ergebnis dieser Partien nicht beklagen konnte, (+2 − 1 = 2), gestand er, sich vor diesem Spiel mit wirklichen Schachgrößen ziemlich unsicher gefühlt zu haben.

Karpov glaubt nicht an Vorzeichen, dennoch munterte es ihn sichtlich auf, als er bei der feierlichen Turniereröffnung die Sechs bekam, die ihm bei der Meisterschaft der RSFSR soviel Glück gebracht hatte. Er geriet auch nicht außer sich, als er bei Wiederaufnahme einer Partie in der ersten Runde gegen den amerikanischen Großmeister A. Bisguier eine Gewinnchance verpaßte, zumal er gleich den sehr erfahrenen ungarischen Großmeister G. Barc besiegte. Es folgte die Begegnung mit dem Großmeister B. Parma, der einmal Jugendweltmeister gewesen war. Daß er in diesem Treffen siegte, hält Anatolij für seine wertvollste schöpferische Leistung in diesem Turnier.

Nach drei Begegnungen mit Großmeistern hatte Karpov einen Tabellenstand von 2,5! In der siebenten Runde besiegte er wieder einen Großmeister − den Belgier O'Kelly − und war nun Tabellenführer. Also sechs von sieben! Die Turnierteilnehmer sahen staunend auf die Tabelle, die ein so junger Mann anführte. Zum erstenmal regten sich bei ihm ehrgeizigste Gedanken (die aber sofort wieder verflogen). Als Stein und Karpov durch die Stadt bummelten, trafen sie zufällig Ivkov. »Bereits Großmeister!« rief der Jugoslawe freundschaftlich. Tags darauf spielte Ivkov gegen Karpov, opferte einen Bauern und schlug sofort Remis vor. Karpov lehnte ab, spielte aber schwach, während der Gegner seinerseits zum Angriff überging und immer neue Opfer vorbereitete − er hatte nichts mehr zu verlieren.

Damals schwebte Karpov Spasskijs schachliche Universalität vor und er erklärte schlichtweg, warum er ein Universalspieler werden wolle: weil er dann nicht mehr verlieren würde. Die Fähigkeit, einen Kampf nach jedem beliebigen Schlüssel zu spielen, ermöglicht es, ohne sichtbare Anstrengung die Partie auf ein anderes Register umzustellen – seien es nun die ruhigen Melodien positionellen Manövrierens oder die stürmischen Akkorde von Kombinationen. Damals war es noch so, daß eine solche Umstellung mitunter falsche Töne hervorbrachte und Karpov viel zu schaffen machte. Als Mozart eines Tages hörte, wie ein Trompeter im Nebenraum falsch blies, fiel er in Ohnmacht. Karpov hatte für Schach sozusagen das »absolute Gehör«, aber noch lange nicht das absolute Spielvermögen. Bei der Partie mit Ivkov empfand er auf einmal die »falschen Töne« im eigenen Spiel, machte sich Vorwürfe, weil er das Remis abgelehnt hatte, und dann wurde er vollends von einer regelrechten Schach-Ohnmacht befallen ...

Das Ärgerlichste und Entmutigendste kam erst nach der Partie, als Ivkov seinem jungen Gegner zeigte, wie er nicht nur sich retten, sondern sogar eine ausgezeichnete Position hätte erreichen können. Karpov hätte diese Möglichkeit natürlich auch erkannt, wenn sein Kampfregister nicht so plötzlich auf stürmische Kombinationsklänge umgestellt worden wäre und wenn sein absolutes Schachgehör nicht so empfindlich auf das eigene schlechte Spiel reagiert hätte. Der Zustand der Ohnmacht verging nicht so schnell. Tags darauf behauptete er sich als Weißer mühsam gegen den Argentinier O. Panno, verlor er gegen L. Kavalek, erreichte er gegen den jungen und begabten Isländer G. Sigurionsson mit Mühe und Not Remis...
In diesen Tagen erlitt Karpov auch eine wirkliche Ohnmacht – er bekam einen Sonnenstich. Das Turnier war schon beendet, Anatolij hatte sich leichtsinnig öfters in die Sonne gelegt und wollte sich dann vor einer großen Simultanvorstellung, die sämtliche Turnierteilnehmer gaben, etwas ausruhen. Er fühlte sich

schlecht, glaubte aber nicht das Recht zu haben, dem Spiel fernzubleiben.

Ihn verblüffte der Enthusiasmus, mit dem Scharen von Ortsansässigen mit ihren Schachbrettern auf den Stadtplatz kamen, um sich an der Vorstellung zu beteiligen. Es setzte ein Platzregen ein, Großmeister und Meister eilten unter Dach, aber nicht ein einziger der anderen Spieler verließ seinen Platz, alle hatten Angst, er könnte von anderen Interessenten besetzt werden.

»Irgendwann trat ich an einen Tisch, überlegte und überlegte, tat ganz wahllos einen Zug, und auf einmal brach ich buchstäblich zusammen. Es war noch ein Glück, daß mir jemand schnell einen Stuhl hinschob. Ich kam nicht sogleich wieder zu mir und wurde dann ins Hotel geschickt«, berichtete Anatolij, als ich ihn nach dem denkwürdigen Turnier auf dem Moskauer Flughafen abholte.

Er hatte sich erst beim Finish wieder in der Hand, als er unbedingt drei Outsider besiegen und in den übrigen drei Kämpfen Remis erreichen mußte. Allerdings war entgegen den allgemeinen Regeln seinem Konkurrenten Addison aus den USA gestattet worden, seine Partie voraus zu spielen. Stein und Karpov saßen gerade halbtot vor Hitze, mit nichts als Badehosen angetan, in ihrem Hotelzimmer bei einem Kartenspiel, das sie kunstreich kompliziert hatten. Es klopfte, und in full dress, in schwarzem Anzug mit Schlips erschien Addison. Stein und Karpov waren erfreut über den neuen Kompagnon und wollten ihm gleich ihr Spiel beibringen, aber Addison entschuldigte sich, sagte, er müsse schleunigst nach Hause fliegen und bat Karpov, ausnahmsweise die Partie aus der letzten Runde zu spielen, zumal auch der Turnierrichter nichts dagegen habe. Karpov war einverstanden und setzte sich ans Brett. Die Partie endete remis, der sowjetische Spieler hatte auf diese Weise die Norm sogar vorfristig erfüllt und war nun der jüngste Großmeister der Welt. Und dies in einer belastenden Umwelt.

Im allgemeinen hat Anatolij die Erfahrung gemacht, daß die Schachspieler untereinander sich äußerst wohlwollend verhalten. Natürlich gibt es auch hier Sonderfälle. Der Ekuadorianer Jenez zum Beispiel hatte nach seinem vierzigsten Zug die Uhr nicht rechtzeitig gedrückt. Karpov stand sowieso in Gewinnposition, und warum sollte überhaupt weitergespielt werden, wenn das Blättchen auf der Uhr seines Gegners sowieso herunterging. Anatolij bat, den Regeln entsprechend, ihm einen Punkt zu geben, aber unvermutet legten sowohl der Schiedsrichter wie auch der Partner Protest ein. Nur durch das Dazwischentreten mehrerer erfahrener Schachspieler, darunter auch O. Panno, der bei den Südamerikanern unbedingte Autorität genoß, fand dieser komische Konflikt seine Lösung.

Oscar Panno hat den sowjetischen Spielern bei diesem Turnier auch noch einen anderen Dienst erwiesen: Er lud sie zu sich ein, und als er sie mit großen Augen sein schönes, geräumiges Zimmer betrachten sah (das Zimmer, in dem Stein und Karpov zu zweit wohnten, war bedeutend kleiner), schlug er ihnen einen Tausch vor. Dankbar und mit Vergnügen wurde Pannos Vorschlag angenommen, und Panno vertauschte, wie er sagte, sein prächtiges Mittelfeld e4 gegen ein dunkles Eckfeld h8.

. . . Die viele Jahre umfassende Geschichte des Schachs hat nur ganz wenige Turniere von so hohem Rang zu verzeichnen wie das *Alechin-Gedenk-Turnier,* das im November/Dezember 1971 stattfand. In Moskau trafen sich allein achtzehn Großmeister, von denen vier einmal den Weltmeistertitel trugen! A. Karpov wurde nicht nur als junger Schachspieler der »neuen Welle« zu diesem Turnier eingeladen, sondern auch als Großmeister, der schon beachtliche Ergebnisse aufzuweisen hatte.

Gegen diese ehrenvolle Einladung war freilich, wie Karpov sagt, auch etwas einzuwenden: »In der ersten Hälfte 1971 hatte ich praktisch nicht gespielt. Und dann ab Juni bin ich vom Schachbrett überhaupt kaum weggekommen. Wäre das Alechinturnier nicht so einmalig und verlockend gewesen – ich hätte auf die Teilnahme verzichten müssen.«

Man kann Karpov verstehen – auch die Lieblingsbeschäftigung kann einem zuviel werden. Allerdings kann Müdigkeit durch anderes kompensiert werden. Der große Geiger David Ojstrach, der selbst ein starker Schachspieler war, nützte trotz seinem dauernden Eingespanntsein jede sich bietende Gelegenheit, Schachwettkämpfe zu besuchen. Mit vielen Großmeistern und Meistern war er gut bekannt. So ergab es sich, daß ich an jenen anderthalb Abenden, die David Ojstrach als Zuschauer beim Alechin-Gedenk-Turnier verbrachte, mit ihm ausgiebig über Schach und andere Themen plaudern konnte. Besonders eingeprägt hat sich mir die Behauptung des hervorragenden Musikers und kompetenten Verehrers der Schachkunst: Je häufiger ein schöpferischer Mensch vor einem zahlreichen Publikum auftritt, um so besser wird er verstanden, um so mehr Erfolg ist ihm sicher. Seiner Meinung nach bezog sich dies auch auf die Schachspieler.

Übrigens war Karpov damals noch gar nicht so populär. Als er bei der feierlichen Auslosung seine Souvenir-Matrjoschka einfach nicht öffnen konnte – seine Startnummer war darin – sagte ein Zuschauer amüsiert: »Ein Kraftmensch ist der nicht. Wie soll er bloß ein so schweres Turnier durchstehen?!« Doch der junge Großmeister wurde nicht nur mit allen Schwierigkeiten fertig, sondern brachte eine der größten Sensationen des Jahres 1971 zustande.

»Vor Turnierbeginn«, berichtet Karpov, »sagte jemand, der mir nahesteht, er wünsche mir, daß ich zu den ersten Zehn komme. Ich dachte schon damals, daß ich mir mehr wünsche: ich hoffte, zu den ersten Fünf zu kommen Aber zuerst klappte es nicht recht, ich hatte kein Verlangen, zu spielen.«

Hier ist zu sagen, daß Schachkenner ein äußerst strenges, wählerisches Publikum bilden, das ein   65 kämpferisches und kompromißloses Spiel fordert. Auch beim Alechin-Gedenk-Turnier hatten allzuviele kurze Remisen im Zuschauersaal Unwillen erregt. Ich weiß noch, wie ein besonders cholerischer Zuschauer förmlich beleidigt von seinem Platz aus dem Hauptschiedsrichter zuschrie (ein unerhörter Zwischenfall bei einem Schachturnier):

»Genosse Kotov, verbieten Sie doch endlich diese Remisen!«

Der Schiedsrichter, selbst ein erfahrener Großmeister, geriet in Verwirrung, was ihm nicht oft passiert, und statt den Verletzer der Silentium-Konvention, wie sonst üblich, streng zu verwarnen, machte er nur eine resignierte Handbewegung.

Von ungefähr der zehnten Runde an wurde das Turnier »blutrünstiger«, es gab merklich weniger Remisen. Und Karpov beschloß vor der elften Runde – gegen den Großmeister V. Hort –, nur auf Gewinn zu spielen.

Mit dem Sieg über Hort begann denn auch Karpovs sensationelles Finish in diesem Turnier.

Im Endergebnis wurden er und Leonid Stein die Sieger dieses Turniers. Und was das Verblüffendste ist: Karpov wich von seiner Taktik nicht ab, die er in Turnieren aller Klassen von den ersten Anfängen an beibehalten hatte. In diesem Zusammenhang war Karpovs Begegnung mit dem Schachveteranen D. Bronstein sehr aufschlußreich. Bei dieser Partie schnappte sich Karpov fast schon bei der Eröffnung einen Bauern, und im Lärm des Pressebüros war S. Furmans leise Stimme zu vernehmen: »Wenn Tolja materielles Übergewicht hat, gewinnt er. In diesem Punkt kann ich mich auf ihn verlassen.«

Am nächsten Tag nahm Karpov auch Korčnoj einen Bauern... In der letzten Runde gewann er gegen den damaligen Meister der UdSSR Vladimir Savon.

Nach dem Turnier sagte Furman:

»Für mich kam Toljas Erfolg nicht überraschend, und sei es nur deswegen, weil im Lauf der letzten Jahre seine Ergebnisse stabil waren und mit jedem Turnier angestiegen sind. Natürlich konnte ich nicht damit rechnen, daß er sich den ersten Platz teilen würde, aber ungefähr die Punktzahl, die er dann bekam, hatte ich auch geschätzt. Ich glaubte, er würde plus vier oder plus fünf bekommen. Bei der gleichmäßigen Besetzung des Turniers stand von vornherein fest, daß ein solcher Index einem sehr weit vorn liegenden Platz entspräche.«

Als Michail Botvinnik erfuhr, daß Karpov einer der Sieger des Alechin-Gedenk-Turniers war, soll er nach Augenzeugenbericht ausgerufen haben: »Merkt euch diesen Tag, heute ist ein neuer Schachstern erster Größe aufgegangen.«

. . . Hatte das Alechin-Gedenk-Turnier Karpov in die Familie der spielstärksten Großmeister eingeführt, so bestätigte das *Internationale Weihnachtsturnier* in *Hastings*, das zehn Tage nach den grandiosen Moskauer Wettkämpfen eröffnet wurde, Anatolij endgültig als einen der wenigen Spieler der Extraklasse. Und tatsächlich, wenn man sich etwas in die Zukunft versetzt und dieses Turnier, sagen wir, sozusagen vom Ende des Jahres 1973 her betrachtet, dann sehen wir hier schon sämtliche Sieger der künftigen internationalen Auseinandersetzung.

Die Zeitung »Sowjetsport« beauftragte mich am Silvestertag 1971, Karpov, der damals in England war, zu interviewen. Beauftragen ist nicht schwer, aber eine englische Telefonnummer zu ergattern, erwies sich als wesentlich schwieriger. Zum Glück kam mir der Gedanke: »Ich muß den Großmeister Flohr fragen, der weiß immer alles.«

Salomon Michajlovič schien nur darauf zu warten, daß jemand ein Anliegen an ihn hatte – am Vorabend von Feiertagen sind seine Hilfsbereitschaft und sein gutes Gedächtnis besonders gefragt. Über meine ungewöhnliche Frage war sogar er baß erstaunt.

»Wo könnten sie denn in Hastings abgestiegen sein? Festivals veranstalten sie dort seit 1895, ich habe dort erstmals 1930 in einem Nebenturnier gespielt, und jetzt fällt mir ein, daß die gewöhnlichen Sterblichen unter den Schachspielern immer im Hotel Waverley untergebracht wurden. Nur die Schachkönige Capablanca und Alechin begaben sich schon gleich vom Bahnhof ins Queens Hotel, aber die anderen, also auch ich, wir mußten erst noch am Brett unser Anrecht auf Privilegien beweisen. Zu guter Letzt habe ich mich auch noch zu den Königen gesellt, nachdem ich in Hastings mehrere Erste Preise geerntet hatte. Jetzt ist die Sache schwieriger: die Turniere werden nun schon so viele Jahre lang durchgeführt, und auf jedem trifft man bedeutende Großmeister. Ich denke nur an Botvinnik, Euwe, Smyslov, Spasskij, Keres. . . Nein, nein, ich fürchte solche Aufzählungen – irgendjemanden vergißt man bestimmt, und dann gibt's Ärger.«

Ich verlangte »Queens Hotel«. Anatolij Karpov war sofort am Apparat und erzählte: »Jetzt feiere ich das Neue Jahr schon zum dritten Mal nicht in der Heimat. 1966/67 war ich in der Tschechoslowakei, 1967/68 in Holland. Damals war mir das Glück günstig, ich erreichte den ersten Platz. Was jetzt werden wird. . .

Unsere Stationen auf der Reise nach England waren: Moskau – Stockholm – Oslo – London. Auf dem Flughafen von Oslo trafen wir Andersson, der den nächsten Flug gebucht hatte und nebenbei bemerkt früher als wir an Ort und Stelle war. Mit dem Zug gelangten wir aus London hinaus, und auf dieser kurzen, nur anderthalb Stunden dauernden Fahrt konnte ich eine Menge Eindrücke sammeln, die einmal nicht mit Schach zusammenhingen. Höchst sonderbar sehen zum Beispiel die festlich geschmückten Weihnachtsbäume aus, die nicht wie bei uns im Schnee, sondern im grünen Gras stehen: neun Grad Wärme! In Schaufenstern und auf Plakaten spaßige Weihnachtsmänner, die geradezu meine Altersgenossen sein könnten und nicht die Spur von Bart haben.

Am 31. Dezember und 1. Januar spielen wir. Falls die am letzten Tag des alten Jahres fällige Partie verlängert werden sollte, werden wir uns genau um neun

Uhr abends nach Ortszeit zur Wiederaufnahme hin-
setzen. In Moskau schlägt es dann gerade Mitter-
nacht. Natürlich denken wir an Zuhause, an Freunde
und Bekannte, aber. . . vieles wird auch von der jeweiligen Position abhängen. Der Weihnachtsfeiertag,
an dem hier einer dem anderen eine Freude zu
machen pflegt, ist vorbei, und auf Geschenke dürfen
wir nicht rechnen. . .«
Erst als er wieder zu Hause war, erzählte Karpov
weiter.
»Unmittelbar nach dem Alechin-Gedenk-Turnier war
ich erschöpft. Das Echo des Moskauer Turniers klang
noch bei der Auslosung nach, ich bekam die Vierzehn, mit der ich auch in Moskau angetreten war! Ich
war zufrieden, obgleich ich gegen fast alle Konkurrenten Schwarz hatte. Aber auch hier gab es etwas
Gutes: gegen die schwächeren Teilnehmer hatte ich
Weiß, und so war der Sieg gegen sie leichter.
Das Turnier fing für mich sehr günstig an: Remis, drei
Siege, Remis, noch drei Siege. . . Und nun spürte ich,
daß meine Kräfte mich allmählich verließen. In den
letzten acht Monaten hatte ich hundert Partien gespielt und mich offen gesagt verausgabt. Die Frage,
ob ich den ersten Platz erobern würde, entschied sich
in meiner Partie mit dem Engländer Marclendom.
Unter unwahrscheinlichen Anstrengungen gelang
es mir, meinen Gegner zu überwältigen und den ersten und zweiten Platz zu teilen.«
. . . Im Zentralen Schachklub der UdSSR ist ein Sonder-
stand, in dem Preise ausgestellt werden. Unter den
zahlreichen Trophäen, die sowjetische Schachspieler mit nach Haus brachten, ist wohl am kost-
barsten der goldene *Hamilton-Russel-Pokal.* Ein eng-
lischer Lord hat ihn im Jahre 1927 als Belohnung für
die stärkste Mannschaft der Welt ausgesetzt. Damals
wurde in seiner Heimat die erste Schacholympiade
veranstaltet. Seitdem führt die FIDE alle zwei Jahre
Schacholympiaden durch, oder, wie es auch heißt:
Turniere der Nationen. Nur während des Zweiten
Weltkrieges und unmittelbar danach fanden die   69

Olympiaden nicht statt, 1950 aber wurde diese schöne Tradition wieder aufgenommen.

1952 kam erstmals die Auswahlmannschaft der Sowjetunion nach Helsinki, und die Schachspieler Ungarns (zweimal Gewinner der Olympiade), die deutschen und jugoslawischen Meister und sogar die viermaligen Sieger, die Amerikaner, wie auch andere Favoriten mußten ihre Plätze räumen. Seitdem führt der Pokal ein wesentlich ruhigeres Dasein – er hat Daueraufenthalt für Moskau bekommen, und wenn er sich zu »Turnieren der Nationen« begibt, dann nur in Begleitung seiner Gastgeber, und noch jedesmal bisher hat er sich in die Hände eines Graveurs begeben, der »UdSSR« hineingravierte.

Die Popularität der Schacholympiaden ist enorm. An der ersten nahmen sechzehn Mannschaften teil, zur *Zwanzigsten Olympiade,* die im jugoslawischen *Skoplje* stattfand, waren bereits Vertreter von dreiundsechzig Staaten gekommen. Fünfhundert Personen aus elf verschiedenen Spezialgebieten waren damals zu Dienstleistungen eingesetzt: 100 Übersetzer und Dolmetscher, 80 Demonstratoren, 70 Schiedsrichter, 100 Partiekopisten, 50 Techniker, 200 Chauffeure, Ärzte und Kontrolleure …

Die 63 Mannschaften wurden in acht Halbfinalgruppen aufgeteilt. Bei der Aufteilung wurde nach dem Elo-System (Arpad Elo ist Physikprofessor in Milwaukee) der Durchschnittskoeffizient jeder Mannschaft errechnet, wie er sich aus den Individual-Koeffizienten aller Mannschaftsangehörigen ergab. Zur Errechnung dieser Koeffizienten wird die Anzahl der früheren Kämpfe und die Stärke der damaligen Gegner in betracht gezogen. Mit sämtlichen mathematischen Operationen befaßten sich während der Olympiade einige junge Männer und eine kluge IBM-Maschine. Ihre Spezialität waren Prognosen, und sie sagte den Ausgang der Halbfinalkämpfe fast fehlerlos voraus. Der Durchschnittskoeffizient der Mannschaft der UdSSR war natürlich der höchste: 2625 (für gewöhnlich gilt 2600 als das Maximum der Extraklasse). Es folgten: Jugoslawien – 2527, Ungarn – 2509, BRD – 2498, Tschechoslowakei – 2483, DDR – 2460, Bulgarien – 2449; die Mannschaft der USA trat nicht nur ohne Bobby Fischer auf, der ein Extra-honorar verlangt hatte, sondern auch ohne L. Evans und U. Lombardy und stand mit ihrem Durchschnitts-koeffizienten bei der Olympiade an 8. Stelle.

Die endgültige Zusammensetzung der Auswahl-mannschaft der UdSSR – vier Stamm- und zwei Reservespieler, die nach Skoplje gehen sollten, stell-te sich erst wenige Tage vor dem Abflug heraus. Die Namen der fünf Großmeister waren bekannt: Petrosjan, Korčnoj, Smyslov, Tal, Karpov. Aber nun der sechste… Man wartete auf die Rückkehr der sow-jetischen Schachdelegation aus Reykjavik. Würde Spasskij die Mannschaft im schwierigen Kampf um die Weltmeisterschaft führen können? Leider stellte sich bei der Rückkehr aus Island heraus, daß der Ex-weltmeister ermüdet war und an der Olympiade nicht teilnehmen wollte. Im letzten Augenblick wurde Savon, der Meister der UdSSR, in die Mannschaft eingereiht.

Petrosjan und Tal erzählten Karpov und Savon mit Humor von ihrem Start auf der Olympiade.

»Weißt du noch, Mischa«, sagte Petrosjan, »wie die Alten uns so kurzgehalten haben? Die ganze Woche hatten wir am Brett gearbeitet, aber als das Fußball-match UdSSR – England übertragen wurde, wollten sie uns den versprochenen Ausgang nicht geben.

»Jaja, ich weiß noch«, sagte Tal lachend, »ich wollte immer gern Schach spielen, aber an diesem Tag nun einmal nicht. Aber was sollten wir machen. Debutan-ten haben es nicht leicht, vor allem, wenn sie formell als Reserve geführt werden.«

Zu Beginn der zweiten Runde wurden Karpov und Savon eingesetzt, aber mit unterschiedlichen Resul-taten.

Savon war sichtlich zu nervös, spielte glücklos und mußte dann die meiste Zeit sozusagen auf der Reservebank verbringen. Karpovs Auftreten jedoch gehörte zu den glanzvollsten Ereignissen der Olympiade. Es dürfte interessieren, daß Anatolij diesmal nicht nach seiner gewohnten Manier verfuhr, die den Beobachtern nichts Neues mehr war, sondern daß er bedeutend vielseitiger und merklich schärfer spielte. Er vermied Figurentausch und erklärte seine Strategie später mit der Befürchtung, ein Figurentausch könne das Endspiel und damit auch ein eventuelles Remis näherrücken.

Michail Botvinnik wird folgender Ausspruch zugeschrieben:

»Wenn Tal eine Figur opfert: nehmt sie, wenn ich eine opfere: prüft die Varianten, wenn aber Petrosjan eine opfert: nehmt das Opfer nicht an.« Damit wollte unser ältester Weltmeister, der ein feinfühliger Psychologe ist, betonen, daß die Risiken, die ein Gegner eingeht, je nach dessen Stil ganz unterschiedlich zu bewerten sind. Die wenigen Opfer, die von Positionsspielern gebracht werden, bringen in der Regel schon nach wenigen Zügen genau kalkulierte Dividenden ein. Karpov unterschied sich zwar von Petrosjan, steht aber der Bruderschaft der Positionsspieler ebenfalls nahe – zumindest war dies 1972 der Fall.

Die Olympiade hat den Statistikern schwer zu schaffen gemacht. Sie befaßten sich mit allem und rechneten sogar aus, wer weniger wiegt – Anatolij Karpov oder sein Konkurrent aus Schweden, der eben Großmeister gewordene Ulf Andersson. Irgendwie war auch errechnet worden, daß in der ersten Hälfte der Olympiade Michail Tal die meisten Autogramme gegeben hatte, dann folgte der einundzwanzigjährige Belgrader Großmeister Ljubomir Ljubojevič, und mit geringem Abstand Anatolij Karpov. Ich muß allerdings bemerken, daß Karpov die bisher in Jugoslawien unübertroffene Popularität Tals bald ernstlich gefährdete. (In jedem Gäßchen von Starygrad wurde der Exweltmeister erkannt, Jungen marschierten straßenweit hinter ihm her, erschien er im Pressezentrum, brachte er wie durch Kommando die Reporter auf die Beine, jeder griff sofort nach Mikrofon oder Filmkamera.) Eben diese Zeitungsleute fielen immer häufiger mit Fragen nach Karpov über mich her, bestürmten mich, ich als Landsmann des populären Großmeisters solle doch mit ihm ein Interview absprechen, das sie für ihre Ausgabe »absolut notwendig« brauchten. Gleichzeitig war Karpov gezwungen, mit beinah »Fischerscher« Geschwindigkeit vor den Journalisten das Weite zu suchen. Es hilft alles nichts – man braucht eben neue Stars.

»In der ersten Runde hatten wir durch das Los die ungarische Auswahlmannschaft als Gegner. Sie war stark, jung, hatte gute Aussichten und war beim Kampf um die ersten Plätze eine ernste Gefahr für uns«, erzählte Karpov. »Die Trainer beschlossen, die Stamm-Mannschaft einzusetzen. Mir kam es so vor, als ob eine derartige Aufstellung im Kampf gegen die Ungarn nicht die meisten Aussichten auf Erfolg hätte. Und zwar aus folgendem Grund: Petrosjan spielt gegen Portisch im allgemeinen glücklos, und ich dachte mir, hier würde er kaum gewinnen können. Smyslov verläßt sich zur Zeit im Wesentlichen auf Intuition und Erfahrung und hat mit Varianten nicht viel im Sinn. Aber ohne konkrete Berechnung hatte er bei einer Partie mit dem Eisenbeton-Positions-Spieler, dem Großmeister Forintosch, nicht viel Aussicht auf Erfolg. Deshalb lag die Hauptlast des Kampfes und die Verantwortung für den Ausgang des Kampfes auf den Schultern von Schwarz. Doch meine Erwägungen widersprachen der feststehenden Tradition, für die erste Runde die Stamm-Mannschaft einzusetzen. Leider bestätigten sich meine schlimmsten Befürchtungen. . .
Alles Unglück brach in der fünften Spielstunde über uns herein. Und was mich bei der Olympiade am meisten wunderte: die Pannen bei der Begegnung mit den Ungarn waren kein Zufallsprodukt. Wir haben es in Skoplje fertiggebracht, uns ein Match, das sich zu-

nächst prächtig anließ, selbst zu komplizieren. Wir verloren 1 1/2 : 2 1/2.

Dann das Match gegen Holland – und wieder eine Unannehmlichkeit: Savon verlor. Letzten Endes trug die sowjetische Mannschaft den Sieg davon, aber mit minimalem Vorsprung. Mit schwachem Resultat (9 von 16) gingen wir in den Kampf gegen die Spieler der DDR (5. Runde) und lagen hinter der jugoslawischen Mannschaft bereits um 3 (!) und hinter den Ungarn um 2,5 Punkte zurück.«

Als die Aufstellung für das Spiel gegen die DDR-Mannschaft besprochen wurde, bemerkte Petrosjan, jede der vorhergehenden vier Finalrunden habe unserer Mannschaft einen neuen Pechvogel beschert. Die Verluste der sowjetischen Großmeister wurden schon zum Gegenstand von Späßen. Zum Beispiel fragte der Internationale Meister Bednarski aus Polen: »Ist es schon ausgelost, wer heute verlieren muß?«

Ich bitte zu beachten, daß Karpov das Besprechen der Aufstellung für das Spiel gegen die DDR-Mannschaft nur flüchtig erwähnt. In Wirklichkeit hatte ein ziemlich stürmisches und unparteiisches Gespräch innerhalb der UdSSR-Mannschaft stattgefunden. Es hatte, wie man so sagt, jeder eins auf den Deckel gekriegt. Darunter auch die vielerfahrenen Trainer und Großmeister Paul Keres, Vladimir Antošin und Semjon Furman. Besonders scharf äußerte sich Karpov, als er die schlechte Vorbereitung auf die Kämpfe und die ungewöhnlich schlampige, nichtqualifizierte Analyse der Hängepartien kritisierte. Ich konnte dieser denkwürdigen Mannschaftsversammlung beiwohnen und sah, mit welch – gelinde gesagt – ungeheucheltem Erstaunen die Mannschaftsveteranen, lauter berühmte Großmeister, das Verhalten des jungen Debütanten zur Kenntnis nahmen. Manche Blicke sagten sehr deutlich: »Na, so ein Naseweis!«

Der Tag des Spiels gegen die DDR verlief einfach glanzvoll. Bis zur Tabellenspitze war es nur noch ein

Katzensprung, und vor der neunten Runde stand

unsere Mannschaft auf Platz zwei, nur einen halben Punkt hinter den jugoslawischen Spielern.

Zum Match gegen die Amerikaner begab sich die sowjetische Mannschaft mit den allerernstesten Vorsätzen. Die um einen Punkt zurückliegenden Ungarn trafen auf die geschwächte spanische Auswahlmannschaft und machten kein Hehl aus ihren freudigen Erwartungen.

Die Begegnung zwischen den Großmeistern Tal und Benkö erregte bei vielen lebhaftes Interesse. Die Geschichte ihrer Schachbekanntschaft ist sehr reichhaltig. Schon beim Kandidatenturnier 1959 hatte Benkö, der gegen Tal drei Partien verlor, behauptet, der Großmeister aus Riga hypnotisiere ihn, und zur nächsten Partie war er mit einer dunklen Brille erschienen. Seitdem waren viele Jahre vergangen. Benkö hatte die dunklen Gläser gegen farblose vertauschen müssen, aber in Skoplje bewahrten auch sie den amerikanischen Großmeister nicht vor Unannehmlichkeiten. Nachdem er wieder einmal gegen Tal' verlor, weigerte sich Benkö, das Formular zu unterschreiben. Diese Prozedur mußte der amerikanische Mannschaftskapitän vornehmen.

Drei Runden vor dem Finish bestand zwischen den Auswahlmannschaften der UdSSR und Ungarns Punktgleichheit, in zwei der noch folgenden Matchs stand unsere Mannschaft gegen die Outsider Spanien und Argentinien... Ende gut, alles gut – sowjetische Großmeister waren zum elften Mal olympische Meister geworden.

Nach der Olympiade sagte Michail Tal:
»Erst jetzt in Skoplje habe ich erkannt, daß Karpov tatsächlich fähig ist, das Höchste zu erreichen. Er hatte auch früher schon ausgezeichnete sportliche Ergebnisse aufzuweisen, aber in schöpferischer Hinsicht hat sein Spiel mich nicht beeindruckt. Jetzt bin ich rein schachlich gesehen hingerissen von manchen Partien Karpovs. Karpov allein hat auf der Olympiade fast mehr solcher Partien gespielt als die ganze

übrige Mannschaft zusammengenommen. Wenn man uns heute bittet, irgendetwas Interessantes aus unseren Partien in Skoplje zu zeigen, finden wir mit Mühe und Not passende Beispiele, Anatolij dagegen steht vor einer anderen Schwierigkeit: er kann einfach nicht entscheiden, welche von seinen Partien die beste war.«

5

Stufen zum Olymp

Auf dem *Internationalen Turnier* in *Tallinn,* das dem Interzonenturnier vorausging, wurde Tal von einem Journalisten gebeten, die voraussichtliche Sieger-Trojka von Leningrad zu nennen. Tal nickte zustimmend, als sein Gesprächspartner die tönenden Namen der Favoriten aufzählte, sagte dann aber unvermutet, ins Trio der Auserwählten werde todsicher ein Schachspieler aufgenommen werden, den man heute noch eindeutig unterschätze. Und als Spasskij die gleiche Frage gestellt bekam, behauptete er: »Es werden zwei von den Favoriten sein, und einer ist Mister X!« Wer aber dieser rätselhafte Mister X sein und wessen Platz er im Wettkampf der Kandidaten einnehmen würde –, das wagte keiner vorauszusagen. . .

Als das Turnier halb gelaufen war, fiel der Verdacht, wenn man so sagen darf, auf den tschechoslowakischen Großmeister Jan Smejkal, dann auf den westdeutschen Großmeister Robert Hübner, doch es stellte sich heraus, daß dieser Mister X – Mister Byrne war. Robert Byrne hatte diese Sensation vorbereitet. Wie anders sollte man sonst verstehen, was der wortkarge Amerikaner gleich zu Beginn des Turniers verkündete: »Ich halte mich für einen Menschen, der viele in Erstaunen versetzen kann.« Und er hat viele in Erstaunen versetzt. Ein grauhaariger Mann von fünfundvierzig Jahren, dessen verborgenes Temperament, wie seine Freunde behaupten, allenfalls bei donnerndem Applaus für die Ballerinen Maja Pliseckaja und Margot Founteyn hervorbricht. Anatolij Karpov entschied sich bei diesem Turnier für strenge Taktik in der Partieführung. Die Formel »Zuhause sind sogar die Wände hilfreich« ist gefährlich, wenn man sie wörtlich nimmt. Aus dem Saal spürt man die Blicke der Freunde, fast körperlich empfindet man, was sie erleben. Dazu kommt, daß es in der Heimatstadt schwieriger als anderswo ist, ablenkende Begegnungen mit Freunden, Einladungen und die Fragen von Journalisten zu umgehen, die sich mit der Begründung: »Du bist doch einer von uns, ein Leningrader«, für alleinberechtigt halten, ein Interview zu bekommen. Und diese Anrufe! Als ich Karpov einmal anrief, war er aufrichtig erstaunt, daß ich seine Telefonnummer wußte, denn er war eigens in sein Ausweichquartier umgezogen...

Natürlich wollte Anatolij Karpov unbedingt zur Sieger-Trojka des Interzonenturniers gehören, und er hatte alle Berechtigung, sich das zu wünschen. Allerdings war er mit der Auslosung nicht zufrieden: er hätte einen guten Start gebraucht, aber nun hatte er Schwarz in der ersten Partie gegen den Kubaner Estevez. Karpovs Freund Alik Bach, der für Anatolij eine Art Privatpsychologe ist, gab ihm den Rat: »Verschleiß dich nicht, spiel' auf Sicherheit, säg' ihn mit der stumpfen Säge, bis er einen Fehler macht. Mit was für Figuren du spielst, das ist gar nicht wichtig, wenn du nun schon mal bei den Kandidatenkämpfen mitmachen willst.«

Die Partie gegen Estevez wurde bei entschiedenem positionellem Übergewicht Karpovs abgebrochen. Doch noch hatte sein Gegner klare Remis-Chancen. Bis zur Wiederaufnahme der Partie wurde die abgebrochene Position durch den Großmeister Semjon Furman und seinen Assistenten Jurij Razuvaev analysiert. Dann schaltete Karpov sich ein, überlegte ganze vierzig Sekunden und verwarf energisch schon den ersten Zug der abgeschlossenen großen Analyse. Furman war gekränkt:

»Im Nu lehnst du alles ab, was ich so mühsam erarbeitet habe...«

»Und ich will von dieser Fortsetzung trotzdem nichts wissen«, erklärte Karpov kategorisch. Die nun folgende sorgfältige Lagebesprechung und die siegreiche Wiederaufnahme bewiesen, daß sein einmaliges intuitives Gespür ihn nicht getrogen hatte.

... Nun einige Details über den Verlauf der einzelnen Partien Karpovs. Gewaltige Anspannung erforderte die Begegnung mit dem »verwundeten« Tal. Man hatte dem Exweltmeister, dessen altes Leiden sich wieder in Erinnerung brachte, zugeredet, das Turnier nicht zu spielen. Doch das hätte bedeutet, für mindestens drei Jahre, bis zum nächsten Interzonenturnier, aus dem Kampf auszuscheiden. Und als gegen Ende des Turniers die Krankheit vorüber war, war es schon zu spät. Schuld an Tals Mißerfolg war natürlich nicht nur die Krankheit, schuld waren auch schachlich-sportliche Fehlkalkulationen, war der psychologische Druck einer vorangegangenen Erfolgsserie. Ärgerlich, daß dies alles gerade beim Interzonenturnier zusammentraf. Aber schließlich ist Tal im Schach nicht nur Sieger oder Verlierer eines Interzonenturniers ...

In der Partie Karpov/Tal hatte der Exweltmeister die Führung. Im Augenblick der Unterbrechung schien er reale Gewinnchancen zu haben. Karpov wiederum mühte sich verzweifelt um eine Remismöglichkeit, die sich bald zeigte, bald wieder verschwand. Furman, den der kalte Graus gepackt hatte, wollte Anatolij beruhigen und sagte, die Wiederaufnahme finde ja noch nicht so bald statt und es sei noch Zeit, nach Rettung auszuschauen. Mit dem Gedanken an die unterbrochene Partie schlief Karpov ein, aber es war kein ruhiger Schlaf. Und dann passierte das, was bei Geistesarbeitern gar nicht selten vorkommt: die Lösung wurde im Schlaf gefunden, und sie ergab sich aus einem einzigen überraschenden Zug. Später erinnerte sich Karpov genau an alle seine nächtlichen Überlegungen, nur nicht an diesen unglückseligen

Zug. Und erst unmittelbar vor der Wiederaufnahme konnte er alles wieder rekonstruieren.

Als Karpov dieses Remis machte, rief Byrnes Sekundant, der Internationale Meister Zukerman: »Also wenn er sich aus solchen Positionen retten kann, dann ist er überhaupt nicht zu schlagen!«

Es tauchten auch andere Komplikationen auf. So zum Beispiel beim Spiel gegen den Kolumbianer Cuellar. Solche Schachspieler, die von vornherein erkennen, daß sie vergebens um einen führenden Platz im Turnier kämpfen werden, fühlen sich berufen, wenigstens einen oder zwei möglichst ehrenvolle Skalpe mit nach Hause zu bringen. Ihre Namen kommen gewöhnlich über die ersten beiden Seiten der Schachgeschichte nicht hinaus, sind dafür aber mit dem klangvollen Titel »Der Schrecken der Großmeister« ausgestattet. Wer weiß, vielleicht schwebte Cuellar gerade dieser Lorbeer vor, als er Karpovs Rochadeposition unausgesetzt betrachtete. Der Südamerikaner agierte damals im Stil der nordamerikanischen Eishockeyprofis: Wie die Kanadier den Puck ins gegnerische Feld treiben, so warf er einen Bauern in Karpovs Zone und schickte gleich noch mehrere weiße Figuren hinterher. Sich gegen solche Stoßtrupps zu verteidigen, ist immer sehr schwierig, vor allem, wenn sie nicht nur gern, sondern auch gekonnt angreifen. Der für gewöhnlich so schnelle Karpov geriet beim Parieren der geistreichen Drohung seines Gegners in Zeitnot, zog sich aber doch noch aus der Schlinge und kam mit einem Mehrbauern davon. Dieser Punkt kostete sowohl Karpov wie auch seinen Trainer Furman erhebliche Nervenkraft. Karpov, Furman und Razuvaev fuhren – bereits mit Verspätung – zur nächsten Runde. Ihr Chauffeur lenkte zur Straßenmitte und wollte sich den Weg freihupen, da fragte der total abwesende Furman: »Wer hupt denn da?«, und Razuvaev sagte lachend: »Das sind wir selber!«

So hatte Karpov also eine Menge Punkte, aber seine Konkurrenten wollten um keinen Preis zurückstehen.

Alles war unbestimmt bis zur vorletzten Runde, bis zum Spiel gegen Smejkal, der unbedingt siegen mußte. So konnte es dahin kommen, daß Karpovs noch kurz zuvor so offenkundige Siegeschancen auf einmal problematisch waren. Das war ein wahrhaft kritischer Moment, aber an einem bestimmten Punkt fand der tschechoslowakische Großmeister die entscheidende Fortsetzung nicht, und unmittelbar vor Abbruch der Partie stellte er noch dazu einen Bauern ein. Bei der Wiederaufnahme erlitt Smejkal eine Niederlage. Das bedeutete, Karpov war zum mindesten die Teilung des ersten Platzes sicher.

1973 wurde das bedeutendste Schachturnier der Sowjetunion – um die *Meisterschaft der UdSSR* – erstmals in zwei Ligen gleichzeitig gespielt, und zwar in der Ersten und der Oberliga. Zur Oberliga waren vierzehn sowjetische Spieler zugelassen: die Teilnehmer des alle drei Jahre stattfindenden Kampfes um die Weltmeisterschaft und die Sieger der vier Halbfinalturniere. In der Ersten Liga spielten Großmeister, die in den Halbfinalen verhältnismäßig ungünstig abgeschnitten hatten, und die stärksten und fähigsten Meister.
Das in seiner Besetzung hervorragende Turnier (die Oberliga der 41. UdSSR-Meisterschaft) wurde sofort »Meisterschaft der Meister« getauft, denn nie zuvor hatte es einen solchen Meisterschaftskampf gegeben, und man weiß bis heute nicht, ob sich dergleichen wiederholen wird. Es nahmen a b s o l u t a l l e besten Schachspieler der UdSSR teil. Nichtsdestoweniger war es nicht nur der Kampf um die Goldmedaille, der die Schachliebhaber erregte, deshalb waren sie besonders froh über die sportliche Form der sowjetischen Kandidaten. Ohne das ihnen bevorstehende Viertelfinalmatch aus den Augen zu lassen, gelang es allen Kandidaten, an die Tabellenspitze zu kommen und abermals zu beweisen, daß sie die würdigsten Vertreter der UdSSR beim Kampf um die Schachweltmeisterschaft sein würden. 81

Als Meister der UdSSR bekam Boris Spasskij die Goldmedaille. Seit seinem Sieg über Tigran Petrosjan im Match 1969 war das zweifellos Spasskijs beachtlichster Erfolg, denn alle vorhergehenden Turniere waren für ihn eine Jagd nach dem »Feuervogel« seiner früheren sportlichen Form gewesen, die ihn so schmählich im Stich gelassen hatte.

Spasskijs Sekundant bei diesem Turnier war Großmeister Igor Bondarevskij. Das Bündnis, kurz vor dem Match mit Robert Fischer in Reykjavik auseinandergefallen, war erneuert worden, und viele neigten dazu, Bondarevskij keinen geringen Anteil an dem Sieg zuzusprechen. Bondarevskij ist seinem Wesen nach hart und fordernd, während es Spasskij eine zeitlang offensichtlich an der festen Hand eines erfahrenen Sekundanten gefehlt hatte.

Beim Kampf um die Meisterschaft der UdSSR lud sich Spasskij offensichtlich zusätzliche Last auf, seine Arbeit am Brett war intensiv und ausdauernd, und kaum je ließ er sich auf ein unblutiges Remis ein. Der Sieger war äußerst reserviert, bemühte sich, jedes öffentliche Auftreten zu vermeiden, wollte sich schnellstens in Erholung begeben und sich mit der Vorbereitung auf die Weltmeisterschaftskämpfe befassen. Spasskij machte eine einzige Ausnahme, er gab dem Schachblatt mit der weltgrößten Auflage (100 000), der Wochenzeitschrift »64« ein ausführliches Interview. Ich durfte die Rolle des Korrespondenten übernehmen, traf mich mit Boris, den ich seit vielen Jahren kenne und sagte zu ihm, sein müdes Aussehen falle mir auf.

». . . und da heißt es noch, der Sieg war leicht zu gewinnen. . .«

»Caruso hat auch leicht und frei gesungen, aber es heißt, während eines Konzerts habe er oft das Hemd wechseln müssen«, sagte Spasskij ohne ein Lächeln. Über Karpovs Spiel während des Turniers sagte Spasskij:

»Obgleich Anatolij sich – wie immer – angestrengt hat, gewann ich den Eindruck, daß er sozusagen sich selbst nicht erreichte. Möglicherweise hängt es damit zusammen, daß sein ungewöhnliches Kräftereservoir schon in den vorhergehenden Wettkämpfen aufgebraucht wurde, jedenfalls hat es seinem Spiel an letzter Vollendung gefehlt. Immerhin ist es klar, daß er diese letzte Vollendung hat – potentiell ist Karpov zweifellos besser, als er hier war.«

Anatolij Karpov wiederum sagte:
»Im Finale der Meisterschaft der UdSSR hatte ich es erstmals auf den Landesmeistertitel abgesehen. Aber auf den ersten Platz in diesem 41. Meisterschaftsturnier zu kommen, daran hinderte mich mehr als ein Umstand. Vor allem war da eine gewisse Zwiegeteiltheit: einerseits wollte ich Erster werden, andererseits konnte ich mir nicht restlos in die Karten gucken lassen, denn ich hatte das Viertelfinalmatch gegen Polugaevskij noch vor mir und mußte unbedingt Kräfte und . . . Eröffnungen sparen.«

Interessant ist die Äußerung Lev Polugaevskijs:
»Karpov, der im bevorstehenden Match mein Gegner ist, hat seine große Klasse gezeigt. Er hat, wie ich auch, sparsam gespielt, hat sich bemüht, das Ziel möglichst durch Technik zu erreichen und hat die Gegner für die kleinsten Versehen bestraft. Ich glaube, wir können beide damit zufrieden sein, daß das Meisterschaftsspiel keinem von uns irgendwelche psychologischen Vergünstigungen gab.

Spasskij hat bei der Landesmeisterschaft rundherausgesagt irrational gespielt. Er hat sich völlig dekuvriert, ohne sich für die Kandidatenmatchs irgendwelche theoretischen Enthüllungen aufzusparen, hat freigiebig seine Pläne für eine Reihe von Systemen demonstriert. Doch gibt es hierfür eine gewichtige Erklärung: vor den Kandidatenmatchs mußte Spasskij seine Stärke spüren. Alle vorhergehenden internationalen Wettkämpfe hat er auf keinem hohen Niveau durchgeführt. Möglich, daß sich die Depression nach dem Match mit Fischer noch bemerkbar machte. Er hatte sich von diesem psychologischen Trauma noch nicht erholt. Ja, Spasskij handelte irrational, aber in seiner Lage war das die vernüftigste Variante: innerlich, psychologisch, war für ihn das Allerwichtigste, seine Stärke zu spüren und einen Sieg zu schmecken. Die UdSSR-Meisterschaft war eine letzte und sehr gelungene Probe Spasskijs vor dem Match gegen Byrne.«

»Im Unterschied zu Spasskij hat Polugaevskij dieses Turnier nicht nötiggehabt – er ist als Letzter zu den acht Kandidaten gestoßen. Er war müde, deswegen hat er bei der Landesmeisterschaft äußerst rationell gespielt, obgleich er sonst in eine Schachpartie alle, aber auch alle Kräfte und alle seine Kenntnisse investiert. Aber hier war zu merken, daß er im Grunde genommen mit halber Kraft spielte.«

Das sagte Karpov unmittelbar nach dem Meisterschaftsturnier der UdSSR. Zugleich taxierte er seine eigenen Chancen für den Kampf um die Weltmeisterschaft.»Ob ich hoffe, Weltmeister zu werden? Ich setze meine Hoffnung auf die drei Jahre, die zwischen den Titelkämpfen liegen. In dieser Zeit werde ich mehr Chancen haben, und das mit gutem Grund. Erstens hoffe ich, als Schachspieler besser zu werden und genügend Erfahrungen zu sammeln. Zweitens nähern sich alle Spieler der älteren Generation dem kritischen Alter. Mit vierzig Jahren sinkt die Erfolgskurve ab. Das ist unausweichlich. Und in den nächsten drei Jahren müssen unbedingt schon Junge dominieren ...«

Die großen *internationalen Turniere*, die in Spanien regelmäßig am Jahresende abgehalten werden, finden üblicherweise in Palma, der Hauptstadt der Insel Mallorca, statt. 1973 war *Madrid* der Austragungsort, und das war von symbolischer Bedeutung, denn gerade hier fand vor fast vierhundert Jahren (1575) das erste internationale Turnier der Schachgeschichte statt, in dem sich die italienischen Meister Leonardo und Paolo Boi und die Spanier Ruy Lopez und Alfonso Seron miteinander maßen.

Diesmal kamen die Vertreter von elf Ländern, darunter zwölf Großmeister Erster Klasse, nach Madrid, und diese auserlesene Besetzung garantierte ein prächtiges Turnier. Zwei Teilnehmer am Kandidaten-match wurden von den Organisatoren mit besonderer Spannung erwartet – Lajoš Portisch und Anatolij Karpov. Der ungarische Großmeister hatte schon ablehnen wollen, dann aber folgte er dem ärztlichen Rat seines Psychologen und erklärte sich einverstanden. Nun, und was war mit Karpov? Bekanntlich hatte der Exweltmeister Botvinnik sich abfällig über Karpovs Plan, in Madrid zu spielen, geäußert. Er behauptete, je besser Karpov auf diesem Turnier spiele, um so schlechter stünde es für ihn in den Kandidaten-matchs. Anatolij jedoch tat das, was in seiner Schachlaufbahn schon oft passiert war: er faßte den Entschluß, den er selbst für den richtigen hielt. Selbstverständlich beriet er sich vorher auch mit seinem ständigen Trainer Semjon Furman, der übrigens auch in Madrid spielte und dort einen hervorragenden Eindruck machte.

Worin lag nun die Bedeutung dieses Wettkampfs für den zukünftigen Weltmeister? Es war das erste große internationale Turnier, wo es Karpov gelang, als E i n z e l n e r den ersten Preis zu gewinnen, ohne ihn mit jemandem teilen zu müssen.

Zuvor hatte immer jemand neben ihm gestanden, wenn auch die Co-Autoren der Siege einander ablösten – Stein, Korčnoj, Petrosjan und Portisch, abermals Korčnoj – nur Karpov blieb konstant an der Spitze.

Den größten Teil des Madrider Turniers spielte Karpov, wie die Schachspieler sagen, auf Technik, ohne besonders aus sich herauszugehen – er dachte daran, daß ihm das Viertelfinalmatch der Kandidaten gegen L. Polugaevskij bevorstand. Inzwischen hatte der deutsche Großmeister Wolfgang Uhlmann einen Vorsprung gewonnen. Nach elf Runden folgten dem Tabellenführer mit einem ganzen Punkt Abstand die Trojka der sowjetischen Spieler (Karpov, Furman, Tukmakov) und der tschechische Großmeister Vlastimil Hort.

Sehr erfolgreich war Karpov in wieder aufgenomme-
nen Partien, wenn es ihm dank seiner hochentwik-
kelten Technik gelungen war, annähernd gleiche Positionen zu gewinnen. In der zwölften Runde fand
eine der wichtigsten Begegnungen dieses Turniers
statt: Karpov gegen Uhlmann. . . Bekanntlich ist Uhl-
manns Eröffnungsrepertoire gut ausgearbeitet, aber
äußerst begrenzt. Das fällt besonders auf, wenn er
Schwarz hat: auf l. e2–e4 erwidert er ausschließlich
mit der Französischen Verteidigung.
Diese Partie gegen W. Uhlmann – die übrigens als
die beste des Turniers anerkannt wurde – gewann
Karpov.
»In dieser zwölften Runde«, sagt Karpov, »waren
auch meine Landsleute siegreich, wir holten Uhlmann ein. Den Schlußpunkt setzte mein Trainer. Am
nächsten Tag übernahm er sozusagen den Gegner
von mir, dann wurde der deutsche Großmeister auch
von ihm besiegt. Leider verlor Furman überraschend
gegen den Spanier Ricardo Calvo und konnte sich
den ersten Preis nicht mit mir teilen. Ich hatte ein
gutes Finish, dafür bekam ich einen Sonderpreis, und
endlich war ich Einzelsieger in einem großen internationalen Turnier.
Beim feierlichen Abschluß des Madrider Turniers bekam ich zugleich mit dem Ersten Preis dieses reprä-
sentativen Wettkampfes auch den internationalen
Schach-Oscar und die Prämie für den besten Großmeister des Jahres überreicht –, neben der Goldmedaille für den Weltmeister ist das heute wohl die
ehrenvollste Anerkennung. Ich betrachtete mir die
Statuette – sie stellt das Madrider Wappen dar, und
zwar versucht ein spaßiger kleiner Bär, auf einen großen, starken Baum zu klettern –, und dachte an die
Kandidatenmatchs, die mir noch bevorstanden. . .«
Bei der Vorbereitung auf das Duell mit Polugaevskij
war zu bedenken, daß Karpov nicht die geringste
Erfahrung in Matchs besaß, dennoch glaubte er die
besseren Chancen zu haben. Polugaevskij wiederum
äußerte sich in der Presse, er taxiere seine Chancen

»auf 35 % für Erfolg«, aber mir scheint, er tat nur so bescheiden.

Im Hinblick auf die Vorbereitungen meinte Anatolij, es stehe ihm ein vergleichsweise unkomplizierter Kampf bevor, denn das Eröffnungsrepertoire seines Gegners sei für einen derartigen Klassespieler ungewöhnlich begrenzt und gleichbleibend. Polugaevskij beschloß, in diesem Spiel seine häuslichen Vorbereitungen zu verwerten und Spritzen zu geben, zu denen die Analyse früherer Partien ihn angeregt hatte. Infolgedessen wurde das Match eindeutig als theoretisches Duell ausgetragen, was viele Experten vorausgesagt hatten. Außerdem konnten Karpov und sein Trainer Furman bei genauer Bekanntschaft mit Polugaevskijs Schachkunst feststellen, daß der Gegner in Positionen, die genaue, konkrete Berechnung verlangen, prächtig spielte, daß er aber in Positionen ohne konkreten Plan den Boden unter den Füßen zu verlieren pflegte.

In der letzten Stunde des Kampfes (auch das war bei der Vorbereitung in Rechnung gezogen worden), geriet Polugaevskij infolge andauernder rechnerischer Operationen oft in Zeitnot, begann nervös zu werden und beging Fehler. Genau das geschah auch in der vierten Partie des Matchs – er ließ allmählich seinen Vorteil aus den Händen, den er um den Preis gewaltiger Anstrengungen erreicht hatte. Diese »wunderbare Wendung« bemerkten bei weitem nicht alle, ja nicht einmal alle qualifizierten Zuschauer. Interessant ist, daß damals im Pressezentrum viele nicht begreifen konnten, warum Karpov die sich ihm plötzlich bietende Gelegenheit zu einem forcierten Remis nicht ausnutzte. Und nur der junge Großmeister Jurij Balašov, der Anatolij gut kannte, stellte mit seiner gewohnten Unerschütterlichkeit die Diagnose: »Was soll er mit Remis? Er spielt doch schon längst auf Gewinn.« Und tatsächlich, im Endspiel wurde Polugaevskij überspielt.

Als diese Partie abgebrochen worden war und Karpov auf die Straße trat, sagte er leicht erstaunt:

»Ich glaube, jetzt gewinne ich...« Man konnte noch nicht recht daran glauben, aber als Jurij Razuvaev am Morgen ins Hotel »Moskva« fuhr, wo die nächtliche Positionsanalyse immer noch weiterging, konnte er sich überzeugen, daß Karpov tags zuvor richtig geurteilt hatte. Größten Eindruck machte Anatolijs selbstvergessene Arbeitsfähigkeit: selbst wenn es Zeit gewesen wäre, wenigstens ein bißchen auszuruhen und etwas zu essen, hörte er nicht auf, die Position zu zergliedern. So begab sich Karpov mit leerem Magen zur Wiederaufnahme. Und wieder eine Überraschung. Polugaevskij wählte nicht die stärkste Fortsetzung, dafür aber eine, die Karpov praktisch nicht analysiert hatte. Ein derartiger Dekorationswechsel hätte jeden anderen aus dem Gleichgewicht gebracht. Doch trotz seiner Übermüdung fand Karpov bei begrenzter Zeit den eleganten Weg zum Sieg. Mag sein, daß all diese Aufregungen sich auf den Start zur fünften Partie auswirkten. Karpov sah ungewohnt apathisch aus, und Polugaevskij konnte (zum letzten Mal in diesem Match) seine übliche häusliche Vorbereitung zur Anwendung bringen.

Weiß erreichte eine absolute Gewinnposition, und es war noch ein Glück, daß es Karpov gelang, einen Turm gegen einen Läufer zu tauschen, sonst wäre es für ihn Zeit zur Kapitulation gewesen. Und hier nun geschah etwas auf den ersten Blick völlig Unwahrscheinliches, etwas, das alle, die von den Geheimnissen des Schachs nichts verstehen und alle oberflächlich Denkenden entweder mit »Glück« oder mit Hypnose oder noch lächerlicher mit Zauberei erklären. Jedenfalls will ich hier wiederholen, was Michail Tal dazu sagte. Er war eben von einem internationalen Turnier nach Moskau gekommen und erschien im Haus der Schriftsteller gerade da, als das Match Anatolij Karpov gegen Lev Polugaevskij gespielt wurde.

»Ich ging zuerst ins Pressebüro, sah mir die Position an«, berichtet der Exweltmeister, »da sah ich, Lev muß gewinnen... Nun geh ich in den Turniersaal, sehe zur Bühne – und traue meinen Augen nicht: Karpov promeniert mit dermaßen selbstsicherer Miene herum, als habe er eine Qualität mehr – und Gewinnchancen. Er lächelt sogar ein bißchen in sich hinein, als dächte er an etwas Erfreuliches. Polugaevskij aber blickt mit Entsetzen auf die Position. Halle, denke ich, so einfach wird er diese Position nicht gewinnen. Und richtig – was soll hier gewonnen werden, Leva hat's geschafft, daß er noch froh sein muß, wenn er mit Remis davonkommt. Und das muß man: sich immer so in der Hand haben wie Karpov, auch in schwierigsten Situationen. Das spürt der Gegner immer...«

Wo lag also der Grund für das, was in diesen Augenblicken auf der Bühne vor sich ging? Hören wir Anatolij Karpov selbst:

»Mir ging da unaufhörlich eine Zeile aus einem Volkslied im Kopf herum, wo es heißt: Alles ist wie Rauch verflogen... Vermutlich bezog ich das unbewußt auf den Tabellenvorteil, den ich in der vorherigen Partie mit soviel Mühe erreicht hatte. Dennoch hat mich diese beharrlich wiederkehrende Liedstelle irgendwie besänftigt oder dergleichen. Ich saß da, wie wenn nichts wäre und so, als ob ich meine Position durchaus passabel fände. Zwar sah ich wirklich vieles, aber ich sah weit und breit nur Unerfreuliches für mich. Und da nun muß Polugaevskij gefühlt haben, daß ich sehr ruhig war...

Ich muß überhaupt sagen, daß man bei Matchs etwa ab der dritten oder vierten Begegnung anfängt, seinen Gegner zu wittern, man fühlt seine Stimmung und vielleicht sogar seine Wünsche. Manchmal errät man die Gedanken oder wenigstens die Richtung, in der die Gedanken sich bewegen. Wahrscheinlich hat Polugaevskij seinerseits gespürt, daß ich vor gar nichts mehr Angst hatte, daß ich innerlich bereits mit einer Null für diese Partie rechnete und deshalb absolut ruhig war. Aber er, er mußte ja noch einen Sieg erringen, und so paradox das auch erscheinen mag, meine Lage war völlig anders, denn – nicht wahr, in einer derartigen Situation kommt einem das spaßig vor? – das psychologische Übergewicht lag jetzt bei mir. Und das hat ihn zur Strecke gebracht!«

Razuvaev erzählte Karpov einmal eine amüsante Geschichte, die ihm beim internationalen Turnier in Jugoslawien passiert war. Karpov hat sie nicht vergessen: In einer Partie gegen den argentinischen Großmeister Quinteros war Razuvaev in schlimme Zeitnot geraten. Das Blättchen an der Uhr geht schon in die Höhe, die Position ist völlig unklar, auch Quinteros hat nicht mehr viel Zeit, immerhin aber noch mehr als Razuvaev. Nun macht der Argentinier schnell seinen Zug, drückt die Uhr, das Blättchen auf Razuvaevs Zifferblatt schiebt sich nach oben. Und Jura ergreift plötzlich eine Tasse mit Kaffee und fängt in Schneckentempo an zu trinken. . . und hat es mit dem Zug nicht eilig. Quinteros war wie vom Donner gerührt, seine Hände fingen an zu zittern, und binnen drei, vier Zügen hatte er sich die Partie verdorben, derart beeindruckte ihn die »Gebremstheit« des Gegners, die aber durchaus kein psychologischer Trick war. Es hatte sich einfach um ein Nachlassen von Juras Reaktionsfähigkeit gehandelt.

Nun befand sich also Polugaevskij in Moskau in ähnlicher Lage wie Quinteros damals in Jugoslawien. Die fünfte Partie hatte Polugaevskij allerdings nicht verloren – das war einfach unmöglich – aber gegen Ende hielt er Remis schon fast für eine Wohltat. Karpov zeigte sich nach dem Match – ich darf wohl sagen – durchaus nobel, indem er erklärte, der hohe Punktstand gebe in keiner Weise das wirkliche Kräfteverhältnis wieder, er sei vielmehr ein Spiegel der seelischen Verfassung seines Gegners. Kann sein, daß es wirklich so war, aber die sechste und beste Partie des Matchs bewies, daß der künftige Weltmeister auch in rein schachlicher Hinsicht seinen starken Gegner deutlich übertraf. Nach dieser Partie war das Match ganz eigentlich beendet. In der siebenten Partie ließ Anatolij einen leichten Gewinn aus. Es war nicht so, daß er sich mit der Nähe des Sieges schon begnügt hatte, Polugaevskij spielte ganz einfach schlecht, und unwillkürlich war Karpovs Erwiderung dementsprechend. Die achte Partie war die letzte in diesem Match.

Karpovs Sieg im Match gegen Polugaevskij überzeugte nicht, er wurde nicht von allen richtig verstanden. Michail Botvinnik allerdings schmunzelte: »Genauso unverständlich wird er auch Spasskij besiegen.« Aber das glaubte nun doch keiner. Auf die vielen Stimmen, die Spasskijs Sieg prophezeiten, kamen nur ganz wenige neutrale Urteile. . .

Der FIDE-Präsident Dr. Max Euwe kam zur Eröffnung des Matchs nach Leningrad und wurde von den Journalisten mit Fragen förmlich überschüttet. Auf der Pressekonferenz wurde er gefragt: »Es heißt, Sie setzen eher auf Spasskij. Warum?«

»Von 1969 bis 1972 ist Spasskij nur selten und nicht allzu erfolgreich aufgetreten«, erklärte der Präsident. »Sein Spiel war mit dem, was er in der Zeit seines hochinteressanten Duells mit Petrosjan geboten hat, in keiner Weise zu vergleichen. Jetzt hat er sein früheres sportliches Format wiedergefunden. Jedoch« – Euwe macht eine Einschränkung – »es kommen in der Entwicklung junger Schachtalente Qualitätssprünge vor. Es ist schwer zu erraten, ob jetzt Karpov einen solchen Sprung macht. Wenn er ihn macht, dann schließe ich die Möglichkeit nicht aus, daß er auch den Weltmeistertitel gewinnt.«

Später charakterisierte Max Euwe Anatolij Karpovs Schachstil:

»Ich glaube, Karpov erinnert mich am meisten an Capablanca, obgleich es da auch einen bedeutenden Unterschied gibt. Spielt man Capablancas Partien nach, kommt einem unwillkürlich der Gedanke: Wie einfach das alles ist! Das hätte ich auch gekonnt! Karpovs Partien dagegen verblüffen gleich zu Anfang durch ihre scheinbar unlogische Strategie, aber bald stellt sich heraus, daß gerade in seinem Spiel die strengste Logik herrscht. Genau wie der Cubaner ist auch der junge Leningrader in schwierigen Positionen besonders hartnäckig. Und noch eines haben Capablanca und Karpov gemeinsam: ganz wenige verlorene Spiele. In Ungarn zum Beispiel sind zwei Bücher herausgekommen: »Capablanca gewinnt« und »Capablanca verliert«. Das erste ist ein dicker Band, das zweite ein dünnes Heftchen. Ich glaube, entsprechende Bücher über Karpov könnten ebenso aussehen.«

Ich wiederhole: vor dem Kampf gegen Spasskij war die Lage für Karpov sehr schwierig, denn der Exweltmeister galt allgemein als Favorit. Sogar Karpovs Anhänger verstummten, wenn Tolja unerwartet in ein Zimmer trat, wo gerade vom voraussichtlichen Ausgang des Matchs die Rede war. Allerdings entsann sich mancher der schönen Partie, die Karpov im Match-Turnier der Auswahlmannschaften 1973 gegen den Exweltmeister gewonnen hatte, aber gleich kam als Entgegnung aus Spasskijs Stab die Verlautbarung, im Training vor dem Match Spasskij/Fischer habe der als Sparringspartner geladene Karpov gegen den damaligen Weltmeister verloren. So war der vorläufige Punktstand denn 1:1 bei drei Remisen. Doch das waren sozusagen Freundschaftsspiele, und jeder Sportler weiß, daß sie mit den offiziellen nicht zu vergleichen sind.

... Dann nahte die feierliche Match-Eröffnung. Wenige Stunden vor der Zeremonie rief ich Karpov an. Der Hörer wurde wie üblich von Karpovs Freund Alik Bach abgenommen, seine Stimme klang aufgeregt. Ich hörte, wie er sagte: »Tolja, Rošal will dich sprechen. Kommst du?« Dann langes Schweigen. Ich wollte schon ärgerlich werden, da hörte ich Alik seufzen, und dann sagte er gepreßt: »Weißt du, Tolja ist sehr krank. Du darfst das natürlich keinem sagen, aber er wird wahrscheinlich Pause machen.«

Wie war das möglich? Bei einem Match bis zu vier Siegen bei zwanzig Partien darf man nach den Wettkampfbedingungen nur zwei Unterbrechungen wegen Krankheit einlegen – und Karpov wollte das Spiel schon gleich mit einer solchen Pause anfangen! Aber was konnte man tun, wenn Anatolij 39° Fieber hatte?! Karpov erschien zur Eröffnung und nahm an der Auslosung teil. Er saß im Präsidium der festlichen Veranstaltung und sah eindeutig krank aus. Viele meinten damals, er sei einfach aufgeregt vor dem Kampf gegen seinen bedrohlichen Gegner. Und erst am nächsten Tag, als die erste Partie fällig war, wurde bekannt, daß Karpov wegen Krankheit gezwungen war, das Match mit einer Pause zu beginnen.

»Warst du nicht unschlüssig, ob du als Weißer vielleicht lieber ein schnelles Remis machen solltest, anstatt eine von den kostbaren Pausen zu vertun?« fragte ich Anatolij.

»Ich war überhaupt nicht unschlüssig. Ich habe mich schlecht gefühlt, und ich schätze Weiß zu sehr, um schnelles Remis zu machen«, sagte Karpov energisch.

Und dann saßen sie einander gegenüber – der blasse, schmächtige, noch nicht ganz erholte junge Mann, der immer wieder sein Taschentuch vors Gesicht hielt, und der sonnenverbrannte, vor Gesundheit strotzende Urlauber, der gerade aus den Bergen kam...

»Anfangs fühlte ich mich ganz gut«, sagt Karpov. »Ich hatte das Fieber herunterdrücken können und mein Kopf war klar. Ich wählte ein kompliziertes Schema, weil ich glaubte, ich könnte jede Aufgabe lösen. Leider hatte ich meine Kräfte überschätzt. Im entscheidenden Moment verwirrten sich meine Gedanken. Nachdem ich die Hängepartie verloren hatte, ging Furman entsetzt nach Hause, allerdings erinnerte er mich noch schnell daran, daß auch Fischer die erste Partie gegen Spasskij verlor.«

Hier wäre zu erwähnen, daß Karpov und seine Berater rechtzeitig eine Operation unter dem Schlüsselwort »Schlag beidhändig« vorbereitet hatten. Was bedeutete dieses Wort? Sie hatten bemerkt, daß Spasskij sich im Hinblick auf Eröffnungen nicht besonders sorgfältig vorbereitete und beschlossen deshalb, gegen ihn möglichst viele verschiedene und überraschende Spielweisen anzuwenden. Um eine solche Taktik erfolgreich anwenden zu können, mußte auch Karpov selbst eine gewaltige Vorarbeit leisten. Zu allem kam noch eine überraschende psychologische Wende im Matchverlauf. Die erste Partie hatte Spasskij einen schlechten Dienst erwiesen. Er hatte wohl kaum auf einen leichten Sieg gerechnet, aber nach dem leichten Sieg zu Beginn machte er sich offensichtlich eine falsche Vorstellung von Karpovs Spielführung überhaupt.

Vielen war es zum Beispiel unverständlich, warum der Exweltmeister in der zweiten Partie nicht einmal versuchte, Initiative zu entwickeln und schon beim siebzehnten Zug Remis anbot. Karpov sagte im Spaß, Spasskij habe wohl einfach Mitleid mit seinem Kontrahenten gehabt, als er dessen schlechten Gesundheitszustand sah. Es gibt aber auch noch eine andere und glaubwürdigere Erklärung.

Die Caro-Kann-Verteidigung, die Karpov in der zweiten Partie zum ersten Mal in seinem Leben spielte, kam für Spasskij völlig überraschend, und er beschloß wohl, einstweilen auf taktische Manöver zu verzichten. . .

. . . Das, was Spasskij passierte, ist im Schach nichts Neues. Ich entsinne mich, wie Tigran Petrosjan, nachdem er 1969 den Weltmeistertitel losgeworden war, mir völlig überraschend gestand: »Ich werde mir nie verzeihen, daß ich die erste Partie gegen Spasskij gewonnen habe!« Damals verschlug mir dieses Geständnis buchstäblich die Sprache, erst später verstand ich, was Petrosjan meinte: der leichte Sieg hatte seine Wachsamkeit eingeschläfert, während er Spasskij für einen harten Kampf mobilisierte. Ähnliches passierte auch in dem hier geschilderten Match. Karpov, der bei der Fußballweltmeisterschaft 1974 die holländische Elf bestaunte (»Da sieht man doch mal alle Figuren in Aktion!«), sagte später über diese erste, gegen Spasskij verlorene Partie:»Den hat, genau wie die Holländer im Finale gegen die BRD, das leichte Anfangstor in der ersten Minute kampfunfähig gemacht.«

... Karpovs Glaube an den Sieg wuchs, denn im Verlauf des Kampfes zeigte sich, daß der Schlachtplan richtig gewählt war. Nach einer Erholungspause war er überzeugt, daß alles normal verlaufen würde und setzte nun seine volle Stärke ein. Schon bei der dritten Partie bestand Punktgleichheit, und bei der sechsten lag Karpov vorn...

Und trotz allem gab es noch Rückschläge. Karpov kann sich nicht erinnern, jemals in Positionen mit derartigem Übergewicht, wie er sie in der siebenten Partie erreicht hatte, nicht gesiegt zu haben. Er ärgerte sich halbtot, konnte nicht einschlafen und war bis zum Morgengrauen in Tätigkeit. Bei der achten Partie geriet er als Schwarzer in einen fürchterlichen Angriff. Tal erklärte, er wisse nicht, ob er diese Partie als Weißer gewonnen hätte, als Schwarzer hätte er sie ganz bestimmt sehr schnell verloren. Karpov gelang eine Verteidigung.
Hier ein weiteres Urteil von Michail Tal:
»Erschüttert hat mich das Ende der neunten Partie. Wenn ein Spieler den einzig rettenden Zug findet, bekommt er zwei Ausrufezeichen. Das ist durchaus verständlich –, er hat es verdient. Wie ist es aber zu bewerten, wenn ein Spieler von vielen guten Fortsetzungen die eine wählt, nach der dann klar ist, daß sie, und nur sie gewinnt!? Wir im Pressebüro reden über Spasskijs mögliches Bauernopfer, beweisen, daß es nicht ausreicht und daß nach Überwindung einiger Schwierigkeiten Weiß ja doch gewinnt, aber Karpov macht einen Zug, nach dem weder ein Opfer noch irgendwas für Schwarz mehr in Frage kommt. Es gibt auch nichts mehr zu fragen. Das Ende der 9. Partie machte einen unauslöschlichen Eindruck. Im allgemeinen kann mich so leicht nichts in Erstau-

nen versetzen. Aber Tolja hat das getan, als er für zehn oder acht herrliche Schlußzüge ganze fünf Minuten brauchte.« Die zehnte und elfte Matchpartie lohnen einfach keinen Kommentar. Vor allem die elfte nicht. Da war nur noch Spasskijs Schatten anwesend. Interessant sind aber Beobachtungen Karpovs, die er mir mitteilte. Vor der 9. Partie begrüßten sie sich wie üblich, beide rückten wie immer die Figuren zurecht, der Schiedsrichter setzte die Uhr in Gang. Und Karpov zog mit dem Königsbauern I. e2–e4, kam also auf genau den Zug zurück, nach dem er die erste Partie verloren hatte. Und Spasskij begann plötzlich krampfhaft mit beiden Händen die sowieso akkurat aufgestellten Figuren zurechtzurücken und sah dabei völlig abwesend aus. Er war nervös geworden...

Es war Spasskij vermutlich ziemlich schwergefallen, sich auf die Begegnungen mit Karpov vorzubereiten. Es sei gesagt, daß die Beziehungen zwischen ihnen nach wie vor eisern korrekt waren, obgleich Spasskij die von Anatolij vorgeschlagene gemeinsame Analyse der ersten Partie abgelehnt hatte. Später allerdings besprachen sie mehrmals einen Partieverlauf, wenn auch ohne Figuren. Karpov war erfreut, als ihm der Exweltmeister in sehr respektvoller Weise zum vorfristigen Sieg gratulierte. Was dachte sich Karpov nach der Auslosung der Kandidaten im September, als die Oberliga für den Kampf um die Meisterschaft der UdSSR zusammengestellt wurde? Anatolij sagte damals, er sei als Schachspieler noch zu grün, um schon diesmal ins Finalmatch der Kandidaten zu kommen, und er setze seine größten Hoffnungen auf die nächsten Weltmeisterschaftskämpfe. Nach dem Sieg über Spasskij wollte Karpov aber nicht mehr das Jahr 1973 abwarten, um dem Weltmeister den Fehdehandschuh hinzuwerfen. Nun also: Opposition. Ins Finale kamen zwei – Karpov und Korčnoj.

Das große Spiel

(Karpov – Korčnoj 1974)

Aleksandr Alechin sagte, er kenne viele, die auf Gewinn, aber nur sehr wenige, die auf Remis spielen können. Später hat sich dieses Verhältnis jäh geändert, leider zugunsten jener, die vor Seiner Majestät dem Halben Punkt Kotau machten. Die Logik des Sports jedoch hat regelmäßig diejenigen auf die oberste Stufe der Schachhierarchie geführt, die unbedingt den Sieg erreichen wollten. So war es zu allen Zeiten.

... Wohlüberlegt und äußerlich ruhig lehnt Karpov die Großmeisterremisen ab: »Für mich ist Schach in erster Linie Kampf. Deshalb steht für mich das sportliche Prinzip obenan.«
Wie wir sehen, ist das Ziel der unbedingte Sieg. Und mit welchen Mitteln soll dieses Ziel erreicht werden? Der Arzt Dr. Viktor Malkin, ein guter Bekannter vieler berühmter Schachspieler, behauptet, sie unterscheiden sich durch ihre entweder intuitive oder aber logische (analytische) Denkweise.

Seiner geistigen Veranlagung nach steht Karpov den intuitiven Schachspielern näher. Der Definition eines Wissenschaftlers zufolge »entwickelt sich das intuitive Denken aufgrund unbewußter Verallgemeinerung angesammelter Erfahrungen.« Unbewußt! Deshalb demonstrieren zu Zeiten Wunderkinder (und viele rechnen Karpov gerade zu dieser Sorte Men-

97

schen), die eifrig Erfahrungen sammeln, eine so blendende Intuition. Man darf Karpov jedoch nicht nur für einen intuitiven Spieler halten: Anatolij rechnet genau und schnell, fühlt sich bei Komplikationen sicher und verallgemeinert im übrigen die angesammelten Erfahrungen durchaus bewußt.

Auf der *Weltschacholympiade in Nizza* stellte der holländische Großmeister Jan Timman fest, daß Korčnoj wie zuvor in Zeitnot geriet, und daß bei der Länge des Matchs der »Abgrund der Zeitnot« sich noch vertiefen könne: es zeigte sich der Altersunterschied zu Karpov. Karpov dagegen spielte leicht, solide, und litt dabei niemals unter Mangel an Bedenkzeit. Gerade daraus erklärte sich nach Meinung des holländischen Großmeisters Anatolij Karpovs Vorrang.

Der Schwede Ulf Andersson und der Ungar Lajoš Portisch meinten, es bestehe Chancengleichheit zwischen Korčnoj und Karpov, der tschechoslowakische Großmeister Hort hingegen verwies auf Karpovs gleichbleibende sportliche Form (die nebenbei bemerkt auch von der Olympiade in Nizza bestätigt wurde). Hort vermutete aber auch, Korčnoj schone auf der Olympiade seine Kräfte, da er sehe, daß die sowjetische Mannschaft auch ohne seine Punkte Erster werden würde. Hort behauptete, das Finalduell werde ein Nervenkrieg sein.

Der sehr erfahrene argentinische Großmeister Miguel Najdorf sprach sich für Karpov aus...

Viele sowjetische Großmeister wogen zwar Plus und Minus der beiden Kandidaten ab, zogen aber nur vorsichtig ihre endgültigen Schlüsse. Lev Polugaevskij sagte, für Karpov spreche dessen Jugend, die Stabilität seiner Ergebnisse und der anhaltende Fortschritt (»Gegen Spasskij hat er schon viel stärker gespielt als gegen mich...«). Evgenij Vasjukov sah in Karpovs unverändert guter sportlicher Form ein unbestreitbares Plus, Korčnoj wiederum hielt er für einen Spieler mit gewaltigen und überraschenden Möglichkeiten. (»Korčnoj ist der Einzige, der Karpov zwei

Niederlagen beibringen konnte.«). Mark Tajmanov, dem sowohl Karpovs gleichbleibendes Spiel und dessen zunehmende Stärke wie auch Korčnojs Begabung Respekt einflößen,– nur meint er, Korčnoj öffne das Spiel mitunter allzusehr –, hatte keine rechte Lust, einen möglichen Sieger zu nennen und begnügte sich mit der Feststellung:»Meiner Ansicht nach wird Karpov früher oder später Weltmeister sein.« Tajmanovs Äußerung entsprach übrigens in gewisser Hinsicht auch der Meinung des dänischen Großmeisters Bent Larsen. Larsen sympathisierte mit Korčnoj, aber sein Verstand antwortete: »Karpov.«»Korčnoj spielt besonders stark, wenn die meisten Prognosen zu seinen Ungunsten ausfallen«, sagte der jugoslawische Großmeister Aleksandr Matanovič.

David Bronstein vermutete, es sei alles schon längst im voraus festgelegt, alles hänge von der jeweiligen Vorbereitung der Prätendenten ab, und Nichteingeweihte wüßten davon nichts. Und so sonderbar es auch war – selbst Michail Botvinnik, der sonst so eindeutig war in seinen Urteilen, wich einer direkten Antwort aus. . .

Anatolij Karpov hatte also bisher in keinem Wettkampf mehr als zwei Niederlagen erlitten, aber das Finalmatch wurde bis zu fünf Siegen eines der beiden Kandidaten ausgetragen (wobei allerdings die Gesamtzahl der Partien auf vierundzwanzig festgesetzt war).

Karpovs Linie stieg also ohne Abweichung an und war nur von ersten oder doch vorderen Plätzen markiert, Korčnojs Linie aber war eine von unwahrscheinlichsten Formtiefs unterbrochene Sinusoide. Und nun wurden alle diese Daten der Rangliste, die klar zutagelagen, in einem Moskauer Institut einem Computer eingefüttert. Diese Maschine, die nur rechnen, aber nicht denken kann, sprach Karpov einen Sieg von 5 : 2 zu. . .   99

Jedoch ist neben den arithmetischen Werten der sportlichen Ergebnisse auch der Charakter der Spieler, ihre allgemeine physische Verfassung und noch vieles andere in Rechnung zu stellen... Korčnoj gewann einmal ein internationales Turnier mit einem Rekordergebnis (nur ein einziges Remis). Wie üblich baten Journalisten um ein Interview. In solchem Fall pflegt der Sieger über das schöne Wetter und seine ausgezeichnete Stimmung zu sprechen. Korčnoj aber sagte wütend, er habe schlecht gespielt, von gutem Spiel könne keine Rede sein, die remis endende Partie (eben diese einzige) hätte er gewinnen müssen. Und zum Beweis dafür überschüttete er die Journalisten mit Varianten. Das ist der ganze Korčnoj.

Am Tag vor dem Finalmatch 1974 in Moskau wurde Korčnoj von Passanten um ein Autogramm gebeten und dann gefragt, wer gewinnen werde, er oder Karpov. Korčnoj antwortete scharf und energisch: »Ich gewinne!« Damit panzerte sich ein Mensch, der seinen Willen und seinen Glauben bewußt stützen wollte. Mit gutem Grund sagte Michail Tal, er habe den rabiaten Korčnoj nie so überlegt und weise gesehen wie bei diesen Spielen um die Weltmeisterschaft. Sein ganzes Schachleben lang hatte Korčnoj die Zeit vor sich hergehetzt, jetzt hetzte ihn die Zeit vor sich her: Viktor Korčnoj war schon dreiundvierzig Jahre alt.

Karpov als Sportler hatte ein Lebensziel: Weltmeister zu werden, und daraus hat er nie ein Hehl gemacht. Karpov glaubte genauso fest an sich selbst wie Korčnoj, nur war der dreiundzwanzigjährige Großmeister von Natur aus viel beherrschter als sein Kontrahent. Drei wackere Burschen, die Karpov in der Metro erkannten, baten ihn um ein Autogramm und fragten, wie er gegen Korčnoj spielen werde. »Wir werden eben spielen...«, antwortete Karpov ausweichend. »Wir glauben, daß du Fischer besiegst!«, sagte einer beim Abschied.

Karpov lächelte, wurde aber gleich ernst:»Ach, ich bin nicht gern Favorit. Da kriegt man Ratschläge, bekommt Hilfe angeboten...«

Die meisten Schachbeobachter stellten sich die Frage: Jugend oder Erfahrung? Zur Zeit Julius Caesars waren die Soldaten des römischen Heeres fünfundzwanzig bis vierzig Jahre alt. Man glaubte, dies sei das optimale Alter für das schwere Kriegshandwerk.

Sein geistiges Stehvermögen und seine Umsicht machen Karpov älter, als er es dem Kalender nach ist.

Beide Kämpfer wappneten sich. Eine nicht geringe Rolle hierbei spielte auch die allgemeine physische Vorbereitung. Früher wurde viel über Karpovs Zerbrechlichkeit geschrieben. In einem Haus der Erholung bei Moskau bereitete er sich jetzt auf das Match vor. Er war kräftiger und frischer geworden, schwamm oft im See, ruderte (durchaus nicht dilettantenhaft), und in seinem Zimmer lag neben den Badmintonschlägern ein Handbuch des bekannten sowjetischen Gymnasten Boris Šachlin.

Und in einem Haus der Erholung bei Leningrad absolvierte Korčnoj seine täglichen Übungen und Geländeläufe. Er hatte das Rauchen nunmehr endgültig aufgegeben und war ein völlig anderer Korčnoj als der, der einmal bei Leibesübungen in Ohnmacht fiel.

Die Uhren waren in Gang gesetzt, das Match hatte begonnen. Es wurde in Moskaus schönsten Sälen gespielt, siedelte aber öfters um, weshalb es den Namen »Match auf Rädern« bekam.

Der erste Teil des Finalmatchs fand im »Haus der Sowjetrepubliken« im Herzen Moskaus statt. Das Interesse an der Begegnung der Großmeister war so stark, daß der Verkehr in der nächsten Umgebung der Austragungsstätte zeitweise umgeleitet werden mußte. Schon bei der feierlichen Eröffnung war im riesigen Marmorsaal kein Platz mehr frei. Nach der Begrüßungsansprache gab der Haupt-Schiedsrichter,

Großmeister Albérique O'Kelly (Belgien) in etwas mühsamem Russisch die wichtigsten Punkte des Austragungsmodus bekannt und schritt zur Auslosung.

Anatolij Karpov nahm ein Täfelchen mit dem Namen seines Gegners aus dem Briefumschlag und überließ damit diesem die Wahl der Farbe. Korčnoj wählte eines der beiden Kästchen, sah dabei dem Schiedsrichter gespannt in die Augen und... hatte es getroffen: in seinem Kästchen lag der weiße Bauer. Das bedeutete, er würde für die erste und alle anderen ungeraden Partien Weiß haben.

... Vier Bildschirme verbinden das Pressezentrum mit der Bühne, auf der das Schachtreffen stattfindet. Großmeister und Korrespondenten stehen in Gruppen um die Schachtische herum, haben den Bildschirm beständig vor Augen und analysieren die Positionen. Zu Anfang, bevor er zum Internationalen Turnier nach Manila flog, war wohl kein Mensch im Pressezentrum so populär wie Tigran Petrosjan. Immer wieder wurde der Exweltmeister gefragt, wie diese oder jene Fortsetzung zu spielen sei.

Petrosjan hatte die Position mit jungen Meistern zusammen analysiert und sagte halb lustig, halb traurig:»Als ich das wußte, saß ich auf der Bühne und nicht hier!«

Die erste Matchpartie endete remis. Aber schon in der zweiten errang Karpov einen blendenden Kombinationssieg.

Die dicken Schachhandbücher enthalten viele Bezeichnungen, die man in Zweifel ziehen könnte, manche hingegen sind erstaunlich treffend und geistreich. So ist die Sizilianische Verteidigung, zu der sich Korčnoj in der zweiten Partie entschloß, als Drachenvariante bekannt. Und wenn Sie sich die wunderlichen Konturen der schwarzen Bauernkette, die gleich nach der Eröffnung entsteht, genauer ansehen, werden Sie den gekrümmten Körper des noch verborgenen Ungeheuers genau erkennen...

Bei der kurzen wie bei der langen Rochade wird alles oder fast alles durch die Schnelligkeit der Gegenangriffe auf den Flügeln entschieden. Schon oft hat Weiß ohne Rücksicht auf Opfer diese Variante zunichte gemacht, indem er dem Gegner mit einem Angriff auf dessen König zuvorkam. Der Drache jedoch lebte immer und immer wieder auf und schlug mit seinem Bauernschweif im Zentrum und auf dem Damenflügel schmerzhaft um sich. A. Karpov führte den Angriff mit Bravour durch, und diese Abart des Drachens (die Variante findet sich auch in anderen Spielarten) war nach Ansicht vieler Spezialisten ernstlich und für lange Zeit abgetan.

Nach dem funkensprühenden zweiten Duell sah die dritte Partie einigermaßen schal aus. Doch war auch hier eine unterschwellige Dramatik deutlich durchzuspüren. Überhaupt sind bei Matchs auf höchster Ebene auch viele unentschiedene und andere auf den ersten Blick unbedeutende Partien immer überreich an psychologischer Begleitmusik. Es handelt sich dabei nicht so sehr um die Züge der Gegner als vielmehr um ihr Verhalten, ihr Reagieren auf das, was um sie herum vorgeht. Zum Beispiel erschien Karpov unpünktlich zu einer Wiederaufnahme, und zwar aus sehr triftigem Grunde: er kam mit dem Auto aus der Umgebung, und im Stadtbereich streikte der Motor. Währenddessen saß Korčnoj auf der Bühne im weißen Marmorsaal und las demonstrativ die Zeitschrift »Junost« (»Jugend«)...

Zum Handgemenge kam es in der sechsten Partie, als Korčnoj mit den schwarzen Steinen eine ungenügend vorbereitete Variante der Russischen Partie gestaltete. Schon bei der Eröffnung brauchte er eine Bedenkzeit von vierzig, bald darauf eine neue Bedenkzeit von fünfzig Minuten! Der Ausgang des Kampfes stand von vornherein fest. Bei einem Spiel mit Karpov in Zeitnot zu geraten, das war hoffnungslos. 2 : 0 für Karpov.

Wie anfechtbar doch die Charakteristiken sind, die mitunter den Großmeistern erteilt werden!

Vor dem Match hatten Beobachter höchster Qualifikation einstimmig prophezeit, Korčnoj werde auf ein
kompliziertes »starkes« Spiel Wert legen, Karpov
aber werde versuchen, die Angriffe durch seine technische Meisterschaft zu neutralisieren. Aber es kam
alles ganz anders! Infolge wiederholter Zeitnot pas-
sierten Korčnoj gerade in komplizierten Situationen
Ungenauigkeiten, und Karpov suchte einen Kampf
mit vielen Figuren. Kurz und gut, die Journalisten
mußten sich korrigieren, sie konnten den Großmeistern nicht von vorn herein eine bestimmte Rolle zu-
schreiben, selbst wenn das Drehbuch von noch so
qualifizierten Autoren geschrieben, aber eben vorzeitig geschrieben war, ohne die konkreten Umstände zu berücksichtigen.
Mit der siebenten Partie begann eine nicht enden
wollende Serie von Remisen. Sie waren bei weitem
nicht so friedlich wie die siebente Partie selbst, die
diesen kläglichen Reigen der halben Punkte eröff-
nete.
»Ach, diese Remis-Serie!« seufzt später Anatolij
Karpov. »Die hat uns beiden Mühe und Not beschert.
Aber das gehört zu einem Match. Es gibt keine gleich-
starken Schachspieler und kann sie nicht geben.
Gäbe es keine Ungenauigkeien und würden keine
Chancen übersehen, wäre Schach längst ausgestor-
ben. Immerhin – zehn Remisen hintereinander!«
Auch in dieser Serie gibt es eine Partie, die sich von
den anderen himmelweit unterscheidet – die dreizehnte. Karpov hält sie für eine der besten im ganzen
Match. Er hatte Schwarz. Bis zum dreißigsten Zug
ging alles sehr gut. Korčnoj hatte sich einen nicht
sehr glücklichen Plan gemacht, dessen sämtliche
Schattenseiten Schwarz sehr gut für sich auszunutzen verstand, und Karpov erreichte eine perspek-
tivenreiche Position. Doch nur bis zum dreißigsten
Zug spielte er gut, dann gerieten beide Großmeister
in Zeitnot. Karpov setzte immer noch auf Gewinn,
obgleich er keine realen Erfolgsaussichten mehr
hatte. Korčnoj schlug Remis vor, aber Tolja lehnte es

ab, den Friedensvertrag zu unterschreiben. In heftiger Zeitnot notierten die Kontrahenten ihre Züge nicht mehr und machten drei oder vier Züge mehr, als bis zur Kontrolle vorgesehen waren. Es war wohl beim 43. Zug, als Karpov eine Variante versäumte, der forciertes Remis gefolgt wäre. Er versäumte sie nicht eigentlich, sondern verzichtete, wie er sagte, auf einen weiteren halben Punkt. Es stellte sich jedoch heraus, daß der junge Großmeister die Position falsch eingeschätzt hatte (höchstwahrscheinlich stand er noch unter dem Eindruck dessen, was 14 oder 15 Züge zuvor auf dem Brett geschehen war), und die Partie wurde in einer für ihn sehr schwierigen Position unterbrochen.

Es war interessant, das Pressezentrum während dieser Hängepartie zu beobachten. Die meisten glaubten, Korčnoj werde jeden Augenblick siegen. Aber die Zeit verging, die ermüdeten Korrespondenten hatten neue Formulare ergriffen (ein solches Formular ist für 80 Züge vorgesehen). Für die Partie, die drauf und dran war, sämtliche Rekorde zu brechen, waren bereits Überschriften ausgedacht, wie:»Das erste Hundert liegt hinter uns!« und»Der hundertzügige Krieg«. Doch nun wurden auf den Demonstrationsbrettern im überfüllten Saal des Zentralen Schachklubs keine Züge mehr gezeigt – es war zehn Uhr abends. Genau in diesem Augenblick trat der Schiedsrichter mit dem Briefumschlag in der Hand an den Schachtisch im verschlossenen Zimmer. Karpov dachte über seinen 96. Zug nach. Da die Spielzeit um war, hatte er den Zug ins Kuvert zu geben.

»Wir haben uns redlich bemüht!« sagte Karpov, als er nach zwölf Spielstunden (die Zeit für die Notation der Züge inbegriffen) aus dem Spielzimmer kam.

»Und jetzt steht eine schwarze Festung auf dem Brett?« (Die Frage war in diesem Augenblick nicht besonders taktvoll.)

»Selbst wenn es noch nicht so wäre – in etwa vierzig Zügen könnte ich es beweisen«, lächelte Anatolij.

Zu einer zweiten Seance der Hängepartie kam es jedoch nicht. Korčnoj mußte sich zu Remis bereiterklären.

Nach den nächsten drei Remisen schlug Korčnoj in der 17. Partie den richtigen Weg ein und erlangte Übergewicht. Dann aber befiel ihn Unsicherheit, er zog sich passivwerdend zurück. Im weiteren Verlauf geriet Korčnoj in eine Falle. Er hatte sich bei annähernd gleicher, für Karpov doch wohl etwas günstigerer Remis-Position in Zeitnot befunden. Dann kam ihm eine Idee, aber er hatte eine Variante nicht richtig durchgerechnet und fügte sich nach dem 43. Zug ins unvermeidliche Matt.

3 : 0 für Karpov.

In der 18. Partie Remis aus der Position der Stärke. Dann Unterbrechung der 19. Partie, die nach langer nächtlicher Analyse diagnostiziert wird: bei Wiederaufnahme muß Remis zu erreichen sein, das umständliche Manövrieren erfordert jedoch äußerste Genauigkeit. Vor der Wiederaufnahme legt Karpov sich hin, und als er kurz vor der Abfahrt zum Spiel aufsteht, schlagen ihm die Sekundanten als Ergebnis weiterer Beratung einen kürzeren, forcierten Weg zum Remis vor. Es war keine Zeit mehr, diesen Plan sorgfältig auszuarbeiten, Karpov nimmt den Vorschlag an und verliert die Hängepartie. Ist er an dieser Niederlage selber schuld?

...Damals war das Match in den Čajkovskij-Konzertsaal umgezogen. Auf beiden Seiten des Saales stand den Teilnehmern ein Ruheraum zur Verfügung. Korčnoj war für gewöhnlich hier geblieben und hatte sich nach jeder Partie ausgeruht, doch nach der 21. Partie war er schnell weggefahren. Auf der anderen Seite saß Karpov in seinem Zimmer. Er hatte bei der Eröffnung einen schweren Fehler begangen. Punktstand 3 : 2...

Später berichteten beide, warum die letzten drei Partien gerade so und nicht anders verliefen. Man kann nur feststellen, daß in dieser Atmosphäre der Spannung und der Spekulationen Karpov absolut ruhig wirkte. Hatte er einen Zug gemacht, begann er seine

Wanderung auf einem Läufer, der quer über die Bühne lag, und die Stellung auf dem Brett nahm ihn nicht so gefangen, daß er nicht ab und zu mit leichtem Kopfneigen einen Bekannten unten im Saal hätte begrüßen können. Korčnoj hingegen begab sich nach jedem Zug an die Rückwand der Bühne. Dort stand ein Spezialsessel für ihn bereit, mit dem Rücken zum Saal wandte er den Blick nicht vom Demonstrationsbrett und ließ dabei einen eigens angefertigten Rosenkranz durch seine Finger laufen. Während der letzten drei Partien zeigten die Großmeister noch deutlicher als sonst ihre diametral entgegengesetzten Naturen. Und nun die letzte Partie im Estradentheater. Auf dieser Bühne sind von 1961 bis 1969 vier Matchs um die Weltmeisterschaft ausgetragen worden. Auch Anatolij Karpov ist mit diesem Schachsaal vertraut. 1966 war er hier als Fünfzehnjähriger zum ersten Match Tigran Petrosjan / Boris Spasskij. Zum Staunen der Experten hat er fast alle Züge vorausgesagt, die dann auf der Bühne geschahen. Als jedoch im Jahre 1969 das zweite Match derselben Kontrahenten stattfand, war es Karpov nicht mehr möglich, mit der früheren Leichtfertigkeit seine Voraussagen zu machen. Und der Großmeister Lilienthal neckte ihn:»Bist alt geworden, Tolja, alt...«
Ist es wirklich so, daß Erfahrung das Voraussehen im Schach erschwert? Im Gegenteil, wenn man das Frühere kennt, fallen einem Voraussagen sehr viel leichter. In der jüngsten Geschichte des Schachs ist es wohl nie vorgekommen, daß die entscheidende letzte Partie eines Matchs auf höchster Ebene das Resultat des Wettkampfes jäh veränderte. Viele solche Duelle sind gleichartig verlaufen: der Spieler mit Punktvorteil wählte eine möglichst strapazierfähige Spielanlage, der Zurückliegende versuchte, die Befestigungen des Gegners zu durchbrechen und schlug dann, wenn er sich in schwieriger Lage befand, das Remis vor. Der Frieden wurde sozusagen aus der Position der Stärke unterschrieben, wenn der Spitzenreiter kurz vor dem Sieg stand. Der Präsident der

FIDE, Exweltmeister Max Euwe, und Tigran Petrosjan hatten für die Schlußpartie auch dieses Matchs ähnliches prophezeit.
Es dürfte den Leser interessieren, daß auch Max Euwe und Tigran Petrosjan in ihrem ereignisreichen Schach-Dasein ähnliche Situationen erlebt haben. 1935 hatte Euwe in seinem Match mit Alechin Punktvorteil. Vor der letzten Partie erklärte er sich bereit, in jedem gewünschten Augenblick Remis zu machen. Und dieses Remis wurde dann fixiert, als Euwe schon Übergewicht hatte. Doch auch ohne Ausnutzung dieses Übergewichts wurde der holländische Großmeister Weltmeister. Auch Petrosjan hatte ein derartiges Erlebnis. Die 23. Partie seines zweiten Matchs mit Spasskij wurde in einer für Tigran äußerst schwierigen Lage unterbrochen. In der Nacht vom 16. auf den 17. Juni 1969 kam Petrosjan zu dem Schluß, es habe keinen Sinn, weiterzukämpfen und sich den vierzigsten Geburtstag (er war am 17. Juni geboren) zu verderben. Am Morgen wollte er Spasskij gerade mitteilen, daß er die Position aufgebe und zur Wiederaufnahme nicht erscheinen werde, da kam ein Gegenruf ihm zuvor: der Hauptschiedsrichter O'Kelly teilte mit, Spasskij schlage Remis vor, da er sich so die Weltmeisterwürde sichern könne.
Kurz und gut, Erfahrung liefert die Grundlage für Prognosen.
Als Karpov und Korčnoj in der Schlußpartie des Finalmatchs jeder dreißig Züge gemacht hatten, sagte Petrosjan nach einem Blick auf die Bühne: »Sagt was ihr wollt, Korčnoj verliert sehr ungern. Vermutlich wird er gleich Remis vorschlagen, und Karpov wird bestimmt nicht gern gewinnen.«
Nach buchstäblich einer Minute erbebten die Wände des Pressezentrums vom donnerartigen Applaus des überfüllten Saales: Anatolij Karpov hatte sich das Recht erworben, dem elften Weltmeister den Fehdehandschuh vor die Füße zu werfen. Noch bevor sie nach diesem Marathonlauf verschnaufen konnten, kommentierten die Kontrahenten das Match:

Anatolij Karpovs Aussage:
»Ob ich ein Glücksgefühl habe? Jetzt, in diesem Moment spüre ich wohl noch nichts dergleichen. Irgendwann mal nach der 17. Partie dachte ich: jetzt ist das Match bald vorbei, dann ist mir leicht zumute, und freuen werde ich mich wie noch nie. Aber jetzt – das ist eher das Gefühl, daß ich eine schwere Arbeit gewissenhaft getan habe. Aber nein, da ist noch ein Gefühl: Es ist mir sehr freudig ums Herz, wenn ich daran denke, daß ich Hoffnungen gerechtfertigt habe. Es ist schön, meine Schachfreunde, meine Verwandten und andere Menschen, die mir nahestehen, mit freudigen Gesichtern zu sehen. Aber restlos befriedigt, restlos glücklich bin ich vorläufig noch nicht. Ja, anfangs rechnete ich nicht damit, daß ich diesen Wettkampf gewinnen würde. Ich stellte mir nicht konkret vor, gegen wen ich verlieren könnte. Aber ich vermutete, daß für irgendeine Phase meine Erfahrung eben doch nicht genügen würde. Endgültig habe ich erst dann am Sieg gezweifelt, als ich erfuhr, daß ich im Finale gegen Korčnoj spielen müßte. Hätte es sich um ein Turnier gehandelt, wäre mir keine Minute zweifelhaft gewesen, daß Korčnoj der gefährlichste Konkurrent ist. Aber nicht im Match Mann gegen Mann. Ausgerechnet Korčnoj war einer der wenigen, die von einem Sieg über Spasskij fest überzeugt waren. Ich muß gestehen, daß vor unserer Begegnung Korčnoj mich besser verstand, als ich ihn. Übrigens spürte ich schon gleich bei den ersten Zügen, daß ich um ein Haar einen nicht wieder gutzumachenden Fehler begangen hätte, indem ich Korčnoj nicht für den allergefährlichsten Gegner hielt. . .
Nach dem Halbfinalmatch mit Boris Spasskij war die Vorbereitungszeit fürs Finale sehr knapp: das Match in Leningrad war Mitte Mai beendet, und im September fing das Finalduell an. Und die Weltschacholympiade in Nizza hatte mich auch viel Kraft gekostet. Es ist eine große Ehre, für die Auwahlmannschaft der Sowjetunion zu spielen, vor allem, wenn man am ersten Brett spielt, deswegen gab ich mir auch er-

denkliche Mühe, aber da das Match mit Korčnoj vor der Tür stand, war mein Auftreten dort nicht sehr vernünftig.

Ich habe mich mit meinen Trainern verhältnismäßig kurze Zeit auf das Match vorbereitet – insgesamt zwei Monate, und wir konnten nicht allzuviel tun. Wäre nicht die sehr gute Vorbereitung auf das Match mit Spasskij vohergegangen, wäre es für mich sehr, sehr schwer geworden. Ich konnte im Moskauer Match noch ungenütztes Material verwenden, deswegen fielen die Mängel der Vorbereitung weniger auf.

Übrigens war auch etwas Positives daran, daß ich im Juni und August mich nur wenig mit Schach befaßte: ich fing das Match in guter Verfassung an und hatte ein gewaltiges Verlangen, zu spielen. Die ersten Partien spielte ich in gehobener Stimmung, mit großem Schwung.

Ich meine, ich hätte dieses Match mit besserem Punktstand gewinnen müssen. Warum ich das denke? Weil ich weiß, daß ich irgendwo schlappmachte, irgendwo schlechter spielte, als ich gekonnt hätte. Seinem Verlauf nach teile ich das gesamte Match in vier Hauptteile ein: die ersten sechs Partien, die nächsten elf, dann vier, dann die letzten drei. Ich schaltete mich rasch in den Kampf ein, riß die Führung und, was noch wichtiger ist, die Initiative an mich. Korčnoj hatte sich inzwischen sozusagen eingeschaukelt. Und daß mein Gegner nur ganze zwei Niederlagen erlitt, war sein Glück. Dann, in der zweiten Phase (als die zehn Remisen hintereinander kamen und ich in der siebzehnten Partie siegte), versuchte ich, meinen Partner bei nur wenig besserem Stand, manchmal auch schon bei Gleichstand zu überspielen. Damit geriet ich über die Grenze, hinter der meine Schwierigkeiten begannen. Meine Taktik war, den Gegner zu einem längerdauernden Kampf herauszulocken, aber ich überspannte den Bogen und mußte nun meine schon wesentlich schlechtere

Position retten, was mich unwahrscheinliche Anstrengungen kostete. Im Nu verblaßte das Spiel, und erst als ich schon überm Rand des Abgrunds schwebte, ging ich wieder ganz im Spiel auf.

In der siebzehnten Partie lag ich endlich mit 3 : 0 in Führung. Mein Gegner hatte in Zeitnot einen schweren Fehler begangen. Hiernach hätte das Match mit ungefähr der zwanzigsten Partie enden müssen. . . Warum es nicht so kam? Schuld an allem war der aufrührerische Gedanke: eigentlich ist das Match ja schon vorbei, wozu also diese zusätzlichen Anstrengungen, eigentlich brauche ich doch nur noch hinzugehen und die Formulare der letzten Partien zu unterschreiben. . . In dieser dritten Phase fing ich an, wie schlechte Fußballspieler, die in Führung liegen, ins Aus zu schießen und wurde zu Recht gestraft (allerdings sind rein schachlich zwei Niederlagen auch durch grobe Fehler in der Analyse zu erklären).

So sonderbar es auch klingt, die zweite Null wirkte sehr segensreich auf mich. Ich wog die Umstände nüchtern ab – ich lag vorn, in den drei noch anstehenden Partien würde ich zweimal Weiß haben – und auf einmal war ich fast sekundenschnell wieder ruhig und spielte nun in meinem gewohnten Stil. Meine Spielführung im letzten Abschnitt des Matchs befriedigte mich durchaus; mir war, als könne ich auf einmal ganz tief Atem holen, während mein Gegner moralisch und physisch am Ende war. . .

Die Länge des Matchs, die ungeheure Nervenanspannung, die Härte des sportlichen Kampfes, das hohe Ziel, das wir beide anstrebten – das alles mußte sich natürlich auf die schöpferische Seite des Wettspiels auswirken. Auf jeden Fall hat unser Match, das manche Schachliebhaber ziemlich trocken und allzu technisch und dergleichen fanden, zweifellos auch seine Werte. Jeder versuchte zwar, gleichwertige, mitunter auch einfach langweilige Positionen zu gewinnen, und manche Partien endeten mit Remis, bei dem nur noch die Könige auf dem Brett standen, doch davon einmal abgesehen: es gab in unserem Match keine groben Fehler (wenn man die analytischen

Schnitzer bei der 19. und 21. Partie einmal ausschaltet), und Ungenauigkeiten gab es sehr viel weniger als in früheren Wettkämpfen dieser Art. Nehmen wir einmal das Match Spasskij–Fischer 1972 in Reykjavik – es war theatralischer, es wurden aber viel mehr Fehler gemacht als bei uns, und die kämpferische Anspannung war sehr viel geringer. Schon vor dem Halbfinale erklärte Korčnoj, er wisse in der Eröffnungstheorie besser Bescheid als die drei anderen Kandidaten – Spasskij, Petrosjan und ich –, aber in unserem Match hat er alle umstrittenen und scharfen Varianten vermieden und sich in keinerlei schöpferische Diskussion eingelassen.

Er durchlief im Geist mit den weißen Steinen alle weniger bekannten Varianten, dachte sich neue und zweifelhafte Fortsetzungen und ganze Eröffnungen aus, konnte mich aber nur in der 21. Partie überspielen. Als Schwarzer hat er mich mit seinen Remis-Tendenzen in der Französischen Verteidigung buchstäblich malträtiert. Nur diese Verteidigung hatten meine Trainer und ich nicht so durcharbeiten können, wie wir eigentlich wollten. Eine Variante der Französischen Verteidigung war nicht genau genug analysiert worden, und auf der basierte Korčnojs Eröffnungsrepertoire. Und das war die größte Lücke in meiner Vorbereitung. Und dann während des Matchs haben wir uns nicht sorgfältig genug auf die Partien vorbereitet, deshalb erreichte mein Gegner in allen französischen Begegnungen außer vielleicht in der 18. Partie durchaus annehmbare Positionen und hatte buchstäblich beim Herauskommen aus der Eröffnung sogar Punktgleichheit geschafft. So habe ich eigentlich im Match kaum jemals Weiß gehabt, wodurch wieder einmal das Ungenügende meiner rein schachlichen Vorbereitung auf den Kampf unterstrichen wurde. Diesmal war auch meine analytische Hausarbeit nicht besonders glücklich angelegt, die Folge davon waren zwei geradezu blödsinnige Niederlagen.

Der wichtigste Teil meiner Vorbereitung galt dem Psychisch-physischen. In psychologischer Hinsicht kamen zwar einige Fehlkalkulationen vor (zum Beispiel das Unterschätzen des Gegners), aber physisch war ich diesmal ausgezeichnet vorbereitet. Ich war nicht ein einziges Mal erkältet, was früher ziemlich oft vorgekommen war. Es ist gut möglich, daß auch der lange Aufenthalt auf einer Datscha zu meiner guten physischen Form beigetragen hat. Ich wohnte unter erfreulichsten Umständen an einem See, mitten in wunderbarer Natur, erholte mich bei frischer Luft in den Wäldern dort und hatte zeitweise jeglichen Spielappetit verloren.

Ja, es ist so: ich fühlte mich denkbar wohl, und nützte dabei alle Krankheitstage aus, die das Reglement mir zubilligte. Ich nutzte diese Tage, um meine Spielstimmung wiederherzustellen und eben diesen Schachappetit wachzuhalten. Übrigens habe ich während einer Pause als Gast des Kosmonauten Pjotr Klimuk die Kosmonautenstadt Zvezdnyj gorodok bei Moskau besucht und bin auch im Gagarin-Museum gewesen...

Ich brauche wohl kein Geheimnis daraus zu machen, daß die Bestimmung, nach der Pausen nur krankheitshalber gestattet werden, im Grunde genommen eine Fiktion ist. Viel logischer war die frühere Bestimmung, nach der ein Spieler nach eigenem Gutdünken eine Pause einlegen konnte, wobei er von seinen eigenen, nur ihm bekannten Empfindungen ausging. Es ist doch viel einfacher abzusprechen, wieviel Kampfpausen vernünftigerweise notwendig sind, und es den Teilnehmern selbst zu überlassen, wie sie sie gebrauchen wollen. Im Prinzip braucht man den Match-Arzt nur zur Hilfeleistung in Notfällen, und selbst dann nur, wenn die Spieler nicht ihre eigenen Ärzte mitgebracht haben. Der Zustand der Spieler soll nur von ihnen selbst kontrolliert werden, denn sie selbst sind an ihm am meisten interessiert! Außerdem ist das ja eine Geheimsache... Ich hätte, sagen wir bei dem Match mit Fischer, durchaus nicht gewollt, daß irgendein fremder Arzt mich untersuchte und ein Bulletin über meinen Zustand herausgäbe.« 113

Eine Zwischenbemerkung von Michail Tal:
»Man bekommt« – so sagt Tal – »einen vollständigeren Eindruck von Karpovs Stärke, wenn man den gesamten Zyklus der Kandidaten-Matchs betrachtet. Der künftige Sieger trat da sozusagen in drei Rollen auf.

Gegen Polugaevskij war er trotz seiner Jugend der reife Psychologe, der die kleinen Charakterschwächen des Gegners sehr fein auszunutzen verstand. Wenn Polugaevskij sozusagen den vollen Kelch des Übergewichtes in Hände hatte, fürchtete er, auch nur ein Tröpfchen zu verschütten. Karpov wußte das und spielte so, daß der erfahrene Großmeister gezwungen war, restlos alles auszuschütten. Er wußte ferner, daß Polugaevskij um jeden Preis die Untadeligkeit seiner Konzeption beweisen wollte, deshalb nutzte er diese Hartnäckigkeit zu seinem eigenen Vorteil aus.

Beim Spiel gegen Spasskij erlebten wir einen inspirierten Schachkünstler – ebenso bedrohlich im Angriff wie zäh in der Verteidigung. In rein schachlicher Hinsicht war das Match Karpov gegen Spasskij am eindrucksvollsten. Ich weiß, der Exweltmeister war nicht in Form und spielte nicht besser als gegen Fischer (übrigens wohl auch nicht schlechter!), aber auch Karpovs Sieg über ihn war nicht weniger überzeugend als Fischers Sieg über Spasskij. Beim Match um die Weltmeisterschaft hatte Spasskij in der elften Partie seinen zweiten Sieg errungen (für die zweite Partie galt Fischer wegen Nichterscheinens als Verlierer), beim Kampf gegen Karpov war mit der elften Partie das Match bereits zuende.

Gegen Korčnoj trat kein Junge an, sondern ein Mann, der einem an sportlichem Einsatz beispiellosen Duell gewachsen war. Im Finalmatch gab es kaum taktische Opfer und reizvolle Kombinationen, die ja die eigentlichen Anziehungspunkte für weite Liebhaberkreise sind. Es war ein sportlicher Kampf. Korčnoj sagte, in schöpferischer Hinsicht sei es kein gelungener Kampf gewesen, und der Sieger habe in dieser verkürzten Perspektive nicht überzeugend ausgesehen. Und man bekam tatsächlich öfters zu hören, Karpov habe keinen besonderen Grund, sich über »so einen« Sieg über Korčnoj zu freuen. Der Punktstand sei alles andere als überwältigend, und was die Qualität der Partie betreffe... Karpov ist vom Ergebnis tatsächlich nicht befriedigt, er hat das auch selbst gesagt. Das Erstaunlichste aber ist, daß die schöpferische Qualität des Matchs ihn vollauf befriedigt, denn seiner Überzeugung nach sind von ihm hier weniger Fehler gemacht worden als in früheren Wettkämpfen gleichen Ranges. Und nun heißt es wieder: »Na also, da haben wir sie ja, seine Selbstzufriedenheit!« Wir wollen wenigstens versuchen zu erklären, wie das alles zu verstehen ist... Als während der Kämpfe um die Weltmeisterschaft das Halbfinale beendet war, sagte ich: »Karpovs Eröffnungsrepertoire ist aufgebaut wie die Stimme eines guten Sängers, und er wird es sich bewahren.« Nach seinem eigenen Geständnis glaubte Karpov an einen möglichen Kampf mit Fischer erst dann, als er ins Halbfinale gelangte. Vorher war er der Meinung, er müsse irgendwo stolpern, irgendwo werde es ihm an irgendwas fehlen – an Wissen, an Erfahrung, an Glück...

Karpov hatte erklärt: »Das ist nicht mein Zyklus«. (Viele hielten das für eine Finte, für eine Rückversicherung, die ihm erlaubte, ruhig und ungehemmt zu spielen, aber der junge Großmeister hatte nicht geheuchelt.)

Im Halbfinale traf Karpov auf Spasskij. Der Exweltmeister aber sah nicht seinen eigentlichen Partner: Karpov. Das starke Verlangen nach Revanche hatte seinen Blick getrübt: er sah nichts als Fischer. Weder Spasskij selbst noch die meisten anderen Experten hatten in dieser Phase mit Karpov als Sieger gerechnet, und Spasskij geriet aus der Fassung. Wie blendend aber spielte Karpov! Ein überwältigender Eindruck. Wirklich, mich überrascht im allgemeinen nicht so schnell etwas, aber Tolja hat das getan.«

So begeistert äußerte sich der Großmeister Michail Tal, dem man am allerwenigsten ästhetisches Feinempfinden absprechen konnte, und dem noch niemand vorgeworfen hat, er fasse den schachlichen Kampf nicht als etwas Schöpferisches auf. Karpov gewann gegen Spasskij womöglich noch überzeugender als Fischer 1972 in Reykjavik. Und nun wollen wir mit Karpov zusammen den 2. und 3. Teil des Finalmatchs durchgehen und diesen Weg mit seinen Augen betrachten. Die Versuche, den Gegner mit rein technischen Mitteln zu überspielen, die Ermattung... Und bei dem Tabellenstand von 2 : 0 und 3 : 0 für Karpov wollen wir auch nicht vergessen, was Michail Tal gesagt hat:»...aufgebaut wie die Stimme eines guten Sängers. Und er wird es sich bewahren.« Und wir wollen auch vorausschauen mit Karpovs Augen, der sich vor Zugluft in acht nimmt, damit er seiner»Stimme« nicht schadet, denn jetzt steht ihm das schwierigste Lied bevor – der Kampf gegen Fischer. Dies ist keine Rechtfertigung für Karpovs Taktik, sondern deren simple Erklärung. Da wir uns nun einmal soviele Fiktionen erlaubt haben, sei noch eine weitere gestattet. Machen wir eine zeitliche Umstellung, tauschen wir die Kämpfe Karpov / Korčnoj und Karpov / Spasskij gegeneinander aus. Da allgemein bekannt ist, daß Karpov mit der Zeit immer stärker wird, ist unsere gedankliche Umstellung durchaus nicht illegal, denn die Summe wird durch sie ja nicht verändert. Nach dieser logischen Operation mögen nun die Skeptiker, die sich für den Fall einer Niederlage Karpovs gegen Fischer sichern wollen, Karpovs schöpferische Möglichkeiten noch einmal abschätzen:

Korčnojs Aussage:
»Der Kampf endete mit 3 : 2 für Karpov. Aber in schöpferischer, in schachlicher Hinsicht stand ich besser da als Karpov. Dem Gehalt nach hätte das Ergebnis anders aussehen müssen – 3 : 2, 4 : 3 oder 5 : 4 für mich. Aber die Hauptsache in diesem Kampf

war die Spannung. Meiner Ansicht nach verfügt Karpov nicht über das äußerst reiche Arsenal führender Großmeister, aber er ist ein Mensch mit unerhörter Willensstärke und kann einem im Verlauf des Spiels seinen Willen aufzwingen. Karpov hat Polugaevskij besiegt, weil Polugaevskij von seiner Willensstärke erdrückt wurde. . . Ich habe Karpovs Willen unterschätzt, das hätte ich lieber nicht tun sollen. Man darf Karpov aber auch nicht überschätzen, und das hat Polugaevskij getan. . .

In der ersten Hälfte des Matchs spielte Karpov mit den weißen Steinen auf Gewinn. Als es mir nach der Eröffnung gelang, Gleichstand zu erreichen, dachte ich: also gut, Gleichstand, jetzt werden wir uns sofort auf Remis einigen, ein Risiko ist für uns beide gefährlich. Aber da setzte Karpov sich hin, und nach einiger Bedenkzeit fand er eine Möglichkeit, den Kampf zu verschärfen und mir Schwierigkeiten zu machen. Er zwang mich zum Kampf, zermürbte mich nach allen Regeln der Kunst und brach die Partie ab. Polugaevskij und Spasskij hat das eine Menge Unannehmlichkeiten beschert – sie waren alle beide von seiner Willenskraft erdrückt.

Ich war vor dem Match der Meinung (und bin es heute noch), daß Karpov als Schachspieler mir unterlegen ist. Vermutlich aber habe ich genau wie Spasskij vor dem Beginn des Kampfes seine Willensqualität unterschätzt. Hätte ich sie restlos durchschaut, hätte ich mir zu Kampfbeginn wohl kaum erlaubt, ihm Vorgabe zu gewähren. In der zweiten Partie habe ich mich fast absichtlich seinem Hieb ausgesetzt. Aber zu Beginn des Kampfes habe ich den Ergebnissen der einzelnen Partien keine besondere Bedeutung beigemessen und dachte mir: ein Punkt mehr oder weniger – es wird ja doch bis zu fünf Siegen gespielt. So kam es, daß ich mir erlaubte, mich in der zweiten Partie auf eine ungeheuer riskante Drachenvariante einzulassen. Ich hatte sie Jahre hindurch analysiert und wußte, daß sie zweifelhaft war. Mag sein, daß es ihm unheimlich geworden wäre, wenn ich ihn gleich von Anfang an so hart gepackt hätte, wie er mich dann später. Das beiderseitige Pressing begann erst beim Stand 0 : 2, vorher war es ein einseitiges Pressing...

Vor dem Match hatte ich auf die physische Vorbereitung großen Wert gelegt. Und das Match war dann tatsächlich lang und nervenaufreibend. Was Nervenverschleiß betraf, da war es wohl nur mit dem Kampf Spasskij / Fischer zu vergleichen, in dem es keine schnellen Remisen gab. Und dennoch – wenn man die Durchschnittsdauer unserer Partien in Betracht zieht, dürfte bei uns der Zeitaufwand und der Kräfteverschleiß größer gewesen sein. Wie gesagt, ich hatte auf die physische Vorbereitung Wert gelegt, und physisch konnte ich es im Grunde genommen auch schaffen. Freilich, wenn ich ehrlich sein soll, ich war mit meinen Kräften in der 22. Partie, als wir fast Punktgleichheit hatten, schon nahezu am Ende... Als ich 1971 gegen Petrosjan spielte (gegen eben diesen Petrosjan, der einen nicht kämpfen läßt), zog ich einige Schlüsse, und mir schien, als könnte ich jetzt mit so einem Stil fertigwerden. Und nun bekam ich es mit einem derartigen Stil zu tun – Karpov ließ es nicht zum Nahkampf kommen –, und wieder konnte ich nicht dagegen an, ich verschwendete nur eine Menge Kraft für die Annäherung.

Ich teile das Match in drei Teile. Im ersten Teil hat der junge Kandidat gedrückt, und das ging so etwa von der ersten bis zur zehnten Partie. In jeder einzelnen Partie hat er gedrückt und gedrückt. Dann ein Stadium der Ermüdung, die bei ihm vielleicht noch stärker war als bei mir. Es war kein Zufall, daß Karpov zwischen der 11. und 18. Partie zweimal Pause machte...

Und dann schließlich der letzte Teil des Kampfes – da waren beide müde, ich versuchte zwar aufzuholen, aber die Kräfte reichten nicht aus. Ich wiederhole es, ich habe in schachlicher Hinsicht mehr geboten, aber ich war nicht stark genug, Karpovs Widerstand zu brechen. Die Qualität seines Spiels war in diesem Augenblick negativ – geradezu abstoßend. Wenigstens von mir aus gesehen war sie es – von weitem betrachtet wirkt sie vielleicht anders.

Bevor der Kampf begann, taxierte ich meine Chancen auf 60 : 40. Ich habe meine Meinung auch jetzt nicht geändert. Was meine Behauptung betrifft, das Match werde aus 17 Partien bestehen, so war da natürlich etwas Prahlerei dabei. Ich glaubte, der Kampf würde lebhafter sein.

Warum ich die sechste Partie verlor? Ich war an diesem Tag einfach nicht zum Kampf aufgelegt. Jeder Schachspieler hat Tage, an denen er nicht zum Kämpfen aufgelegt ist. Selbst Fischer hat in der kämpferischen Phase seines Matchs mit Spasskij die 7. Partie mit einem Mehrbauern nicht gewonnen. Ich erkläre mir das nur damit, daß er an diesem Tag zum Kampf nicht aufgelegt war. Genauso hätte ich an jenem Tag jede beliebige Partie verloren, und ich kann noch von Glück sagen, daß ich nicht die Französische Verteidigung spielte, sonst wäre ich ohne meine wirksamste Eröffnungswaffe schlichtweg am Boden zerstört worden. Nach dem Verlust der 6. Partie spürte ich, daß ich das Match in 17 Partien nicht gewinnen könnte. Nun drückte ich nach, hatte Übergewicht und Gewinnchancen in der 10., 11., 13., 15. und 17. Partie. Es endete so, daß ich nur eine verlor, aber keine gewann. Den Wendepunkt brachte wohl die dreizehnte. Kummer genug hatte es auch vorher schon gegeben. Aber diese dreizehnte. . . als ich die nicht gewinnen konnte, war ich ehrlich entsetzt. . . Ich hatte ja auf die zweite Hälfte unseres Kampfes gesetzt in der Annahme, ich sei physisch stärker als mein Gegner. Aber dann merkte ich, daß ich allmählich selber ermüdete, und erstmals schien mir mein Sieg zweifelhaft. Als ich nun vollends noch die 17. Partie verlor, stand für mich fest, daß der Kampf vorbei war und ich kein besseres Ergebnis verdiente.

Aber selbst als ich glaubte, daß der Kampf vorbei sei, streckte ich die Waffen nicht. Es gelang mir noch, zwei Partien zu gewinnen, aber deshalb blieb ich doch bei meiner Überzeugung. Und ich hatte auch

physisch nicht mehr die Kraft, mir den entscheidenden Ruck zu geben. Ich war schlecht, obgleich ich
meine Willenskraft nicht eingebüßt hatte. Ich war
auch deshalb müde, weil ich mich mitten im Kampf
noch intensiv als Analytiker betätigen mußte – es war
mir nicht gelungen, einen einzigen Großmeister als
Sekundanten zu gewinnen...
Ja, ich möchte sagen, Karpov ist als Schachspieler
einmalig. Sein Spiel ist ohne Schule, unversehens
kommt bald da, bald dort sozusagen Brachland zum
Vorschein. Aber was für eine gewaltige Willenskraft!
Ich habe noch bei niemandem ein derartiges Konzen-
trationsvermögen erlebt. Es ist verblüffend! In jede
Zeiteinheit bringt er eine kolossale Stoßkraft ein. Mit
seinem Willen hat er, wenn ich so sagen darf, meine
Schöpferkraft gebremst und niedergewalzt. Dieser
Mensch ist fähig, alles, was er kann, alles, was er weiß,
ins Spiel zu investieren: ein Mensch, der seinen Gegner beeinflussen kann. Das kostet ihn selbst gewaltige Anstrengungen und – dies zeigt Tals Erfahrung –
ein solcher Spieler ist auf lange hinaus nicht zu schlagen. Karpov hat jetzt viel gegeben und wird in einem
halben Jahr noch mehr geben. Wiederum berufe ich
mich auf Tal. In jenen Jahren, als Tal Weltmeister
wurde, hatte er keine blasse Ahnung von Schach.
Aber wie hat er kämpfen können! Jetzt weiß er alles
vom Schach, aber der alte Wille ist nicht mehr da...
Während des ganzes Kampfverlaufs habe ich gespürt, wie Karpovs Wille mich beeinflußte. Als ich
kurz vor Zeitnot stand, habe ich körperlich empfun-
den, wie er alle Kräfte gegen mich sammelte, wie er
sich anspannte, wie er lauerte und lauerte. In der
16. Partie nahm er mir in Zeitnot einen Bauern, aber
dann, als die Zeitnot vorbei war, seh ich auf einmal, er
läßt die Zügel schleifen, sitzt zurückgelehnt da und
hat sich völlig fallenlassen, hat für die zwanzig Minuten, die er für die Notation brauchte, völlig schlapp-
gemacht und notiert einen anderen Zug. Aber es
kommt selten vor, daß er derart schlappmacht...
120 Und einmal hat Karpov meine Gedanken gelesen!

Jaja, buchstäblich gelesen. Wir nahmen die 19. Partie wieder auf, die bei Vorteil für mich unterbrochen worden war, aber ich hatte zuhause keine Gewinnmöglichkeit gefunden. Und auf einmal opfert Karpov schnell und sicher einen Turm gegen einen Läufer. Warum opfert er? Warum? Aha, er glaubt vermutlich, daß er so schneller, forciert Remis macht. Aber nein, irgendwas stimmt hier nicht. Ich suche nun den Fehler in seiner Berechnung, und neben mir marschiert Karpov selbstsicher auf dem Teppich hin und her. Jetzt hab ich's – da ist das Loch in seiner Analyse! Ich sehe auf und merke, wie sein Schritt sich verlangsamt. Ihm sind auch schon Zweifel gekommen, er kehrt zum Brett zurück und sucht nun, was ich gefunden habe. Ich sehe genau, wie Karpov meine Gedanken liest und denselben, genau denselben Weg geht, den ich eben gegangen bin. Er sieht bereits alles, was ich gesehen habe. Diesmal sieht er, daß er bei der Analyse einen verhängnisvollen Fehler gemacht und nun verloren hat. Aber was mag er in anderen Fällen alles gesehen haben! Ich weiß es nicht…
Es zeigt sich, daß das Willensmäßige im Schach jetzt eine entscheidende Rolle spielt. Eben darum ist Karpov der Sieger geworden: was den Willen betrifft, ist er mir deutlich überlegen. Karpov zwang mir seinen Willen auf und gewann.«
Soweit die unmittelbaren Aussagen der Kontrahenten eines großen Spiels.
Immer, wenn ich nach einem Spiel mit Korčnoj sprach, war ich betroffen von seiner Selbstentblößung, die mitunter zu wahrer Selbstgeißelung wurde. Jetzt erst kam mir der Gedanke, daß beides für ihn einfach notwendig ist. Er öffnet damit ein Ventil für seine Emotionen, die er während des Spiels bändigen muß. Freilich ist er schon während des Spiels weniger beherrscht als andere Spieler. Korčnoj fordert sozusagen zum Streit heraus. Bitte – Schach ist schließlich ein kriegerisches Spiel! Napoleon behauptete bekanntlich, ein wirklicher Feldherr könne nur der sein, der über ein hervorragendes Talent und einen

unbeugsamen Charakter verfüge. In Bezug auf Schach hat Botvinnik diesen Faktoren zwei weitere hinzugefügt: Gesundheit und Spezialkenntnisse (Korčnoj nennt diese Kenntnisse das »Schacharsenal«). In der Sprache der Mathematiker ausgedrückt, ist die Stärke eines Schachspielers die Resultante aus vier Komponenten inkonstanter Größe.
Wie gesagt, vier Komponenten... Die erste ist die natürliche Begabung. Wer nicht von Natur aus begabt ist, wird kein großer Schachspieler.
Allerdings besteht unter Schachspielern ein stillschweigendes Übereinkommen: nicht darüber zu diskutieren, wer der Begabtere sei – das gilt als beinah ungehörig.
Und dennoch wird darüber diskutiert, wenn auch vielleicht nicht allzu laut... Es werden Ansichten laut, Tal sei ein Hort angeborener Begabung, der Universalspieler Spasskij verfüge über das vielseitigste Schacharsenal aller heutigen Spieler, an physischem Durchhaltevermögen habe Smyslov lange Zeit nicht seinesgleichen gehabt. Und als willensmäßig stärkster Schachspieler galt eine Zeitlang wohl Korčnoj. In dieser Reihe fehlen Botvinnik und Petrosjan, dabei sind gerade sie in unserer Zeit am längsten Weltmeister gewesen. Und sage mir doch einer restlos überzeugt und auch beweiskräftig: in welcher der vier Komponenten hat Fischer während der Zeit seiner besten Ergebnisse irgendjemandem nachgestanden? Weltmeister wird der, dessen Resultante schachlicher Stärke im gegebenen Augenblick am höchsten ist. Und das ist das besondere Schachtalent: zu beweisen, daß du heute der Stärkste bist. Um im Zweikampf Erfolg zu haben, muß ein Spieler die besten Seiten seines Gegners richtig einschätzen, muß versuchen, sie zu neutralisieren und dabei die eigenen Trümpfe auszuspielen. Ein klassisches Beispiel wird der Revanchekampf Tal – Botvinnik bleiben, in dem der fast fünfzigjährige Botvinnik das jugendliche Feuer von Tals Kombinationsspiel zum Erlöschen brachte. Polugaevskij bekennt, beim

Match gegen Karpov habe er seine Trümpfe aus den Händen gelassen. Und Spasskij, so scheint mir, hat sie schon auf dem Wege zum Match verloren.

Hat uns nicht alle die Leichtigkeit stutzig gemacht, mit der Korčnoj die Überlegenheit Karpovs in sportlicher Hinsicht anerkennt? Korčnoj galt ja selbst immer als ein Hort des Willens – und nun auf einmal dieses Zugeständnis? Wie sollen einem hier nicht Zweifel kommen: Korčnoj ist eben parteiisch. Er vergleicht und vergleicht. . . Gut. Aber wie konnte der »negative Spieler« Karpov (wenn auch nur in den ersten zehn Partien) bei annähernd gleichen Positionen Remisfortsetzungen vermeiden? Wie jeder weiß, ist das Abspielen von Positionen mit dynamischem Gleichgewicht das Allerschwierigste. Eine falsche Bewegung – und man verliert, sofern man kein universaler Schach-Balancierkünstler ist.

Es ist aufschlußreich, daß Korčnoj bei aller Subjektivität, mit der er behauptet, er hätte den Kampf gewinnen müssen, doch eine Einschränkung macht: er schätzt sein Übergewicht auf nur einen Punkt. . .

In seinem leidenschaftlichen Monolog hat Korčnoj immerhin das ungeschriebene Gesetz der großen Schachspieler nicht übertreten: er hat das Thema »angeborene Begabung« nicht berührt. Ich meinerseits bin an diese Konvention nicht gebunden und möchte eine spaßige Geschichte erzählen. Eines Tages, es ist schon ziemlich lange her, spielte ich gegen einen Jungen leichte Blitzpartien – »Pjatiminutki«. Wir spielten und spielten und ich konnte kein einziges Mal siegen – ich verlor bessere, schlechtere und gleiche Positionen. Was ist das für ein Teufelszeug, denke ich, schließlich habe ich ja den Meistertitel. . .

Plötzlich steht der Junge halb auf, sieht mir starr in die Augen und sagt mit der Andeutung eines Lächelns:

»Vielleicht spiel' ich einfach stärker?«

Der Junge hieß Tolja Karpov. . .

Im Schach ist derjenige der Stärkere, der gewinnt. Warum nun Karpov gewinnt – diese Frage kann man 123 verschieden beantworten. Wille, Gesundheit, Schacharsenal? Vielleicht eben doch eine ungewöhnliche angeborene Begabung, von der man in der Schachwelt nicht laut zu spechen pflegt?...

Der Kandidat wird Weltmeister

».. . Karpov hat den Vorteil seiner Jugend und einer ununterbrochenen Erfolgsserie. Fischer hat sich an seine Rolle als Wunderkind gewöhnt und fühlt sich bei Begegnungen mit jüngeren und ehrgeizigen Partnern, die nichts und niemanden fürchten, psychologisch nicht sonderlich wohl.. .«

('Messagero', Rom)

Auch der Schach-Berichterstatter der Londoner »Times«, der Internationale Meister Golombek, schätzte Karpovs Aussichten hoch ein. Er schreibt: »Ehe die Kämpfe begannen, glaubte ich, Fischer werde jeden der acht Kandidaten besiegen, wenn ich jetzt aber in betracht ziehe, wie Karpov sich unablässig weiter vervollkommnet und wie er es versteht, aus allen gemachten Erfahrungen seine Lehren zu ziehen, bin ich geneigt, den Teilnehmern am Kampf um die Weltmeisterschaft 1975 (falls dieser Kampf überhaupt stattfindet) etwa gleiche Chancen einzuräumen. Und doch, wenn ich unbedingt einen Favoriten wählen müßte, würde meine Wahl vermutlich auf Karpov fallen.«

Beachten Sie bitte, daß Harry Golombek eine Einschränkung machte: Falls dieser Kampf zwischen Karpov und Fischer überhaupt stattfindet. Es handelte sich darum, daß der Kongreß der FIDE in Nizza nicht alle Forderungen Fischers nach einer Revision des Austragungsmodus für die Weltmeisterschafts-kämpfe erfüllt hatte. Die Zahl der notwendigen Siege war auf 10, die Mindestzahl der Partien auf 36 erhöht worden. Nun forderte Fischer aber, die Gesamtzahl der Kämpfe überhaupt nicht zu begrenzen und bei einem eventuellen Stand von 9 : 9 ihn weiterhin als Weltmeister anzuerkennen. Das bedeutet, der Kandidat darf nicht mehr als 8 Partien verlieren, zur Eroberung des Ehrentitels aber muß er 10 Partien gewinnen, das heißt, er muß dem Weltmeister zwei Punkte vorgeben. Wir erinnern uns, daß Fischer nach Ablehnung dieser Forderung telegrafisch auf den Titel »Weltmeister der FIDE« verzichtete. Der Kongreß bat ihn, seinen Entschluß zu revidieren, aber der Großmeister blieb stumm...

In den vierzehn vorhergehenden Kämpfen um die Weltmeisterschaft war dem Weltmeister eine Vorgabe von nur einem Punkt bewilligt worden, und es bestand keinerlei Grund, speziell Fischers wegen eine Gesetz gewordene Tradition aufzugeben. Zur Frage, ob die Gesamtzahl der Partien künftig unbegrenzt sein solle, äußerte sich Karpov so:

»Ich glaube, ungefähr ab der 20. Partie eines Matchs wird Schach nicht gewonnen, sondern verloren. Die Großmeisterklasse hat ein hohes Niveau, aber das, was dann auf dem Brett geboten wird, ist eines Großmeisters der Extraklasse unwürdig. Ich verstehe nicht, warum Fischer so darauf aus ist, die Zahl der Partien zu erhöhen – offenbar ist er von seiner blendenden physischen Kondition überzeugt. Klar, wenn wir beide auf die Matte gingen, würde er mich wohl unterkriegen, aber wer schachlich die größere Zähigkeit hat, das muß sich erst noch erweisen.«

In welchem Maße Großmeister ermüden können, davon zeugt sehr beredt eine einzigartige Episode aus dem Kampf Karpov / Korčnoj. Die 21. Partie. Korčnoj hat Weiß, und für die ganze, 19 Züge kurze Partie hat er nur 23 Minuten verbraucht: er hatte eine zu Hause vorbereitete Variante gespielt, und das Spiel hatte ihn noch so gut wie keine Kraft gekostet.

Da überfällt Karpovs Läufer den weißen Turm. Korčnoj bleibt nichts übrig, als die mehr als durchsichtige Finte zu parieren, und der Gegner wird sofort kapitulieren. Plötzlich begibt sich Korčnoj zum Schiedsrichtertisch, entschuldigt sich und fragt, ob er rochieren dürfe, wenn der Turm angegriffen ist – er habe die Regeln vergessen. Die Schiedsrichter sind sprachlos – so etwas ist ihnen in ihrer langjährigen Praxis noch nie passiert, womöglich macht der Großmeister nur Spaß? Korčnoj fährt zusammen, geht wieder ans Brett und rochiert natürlich... So müde ist ein Großmeister nach zwanzig Partien!

Auf die Frage, ob er den amerikanischen Weltmeister besiegen könne, gab Karpov folgende Antwort:
»Meiner Ansicht nach ist Fischer von uns lange Zeit unterschätzt worden, wir sagten, wartet nur ab, sobald er einmal auf einen richtigen sowjetischen Großmeister trifft und alles in normalen Bahnen verläuft, wird Fischer todsicher besiegt. Dann verfielen wir ins andere Extrem. Sogar die stärksten Großmeister äußern sich ab und zu in dem Sinne, daß ein Kampf gegen den Weltmeister hoffnungslos sei und schätzen nur ab, wie hoch sie gegen ihn verlieren werden. Ich bin überzeugt, daß die Wahrheit irgendwo in der Mitte liegt. Man kann gegen den jetzigen Weltmeister genau wie gegen jeden anderen, selbst gegen einen hervorragenden Schachspieler, mit einiger Aussicht auf Erfolg kämpfen. Es muß nur die restlose Mobilisierung aller Kräfte garantiert sein.«

Die Bedingungen für den Kampf um die Weltmeisterschaft behagten Karpov durchaus nicht in allen Punkten, aber er war bereit, diese Vorschriften genauestens zu befolgen.

Max Euwe wurde gefragt: »Wie werden Sie als Präsident der FIDE sich verhalten, wenn Fischer nach Ablauf der gesetzten Frist die Herausforderung des Kandidaten nicht annimmt?«

Er sagte darauf:
»Falls Fischer bis zum 1. April 1975 nicht mitteilt, daß er die Herausforderung annimmt, unterbreche ich

meine dreimonatige Tournee durch die afrikanischen Länder, die ich für Frühjahr 1975 geplant habe, fliege nach Moskau und rufe dort Karpov zum 12. Weltmeister aus.«
Abermals verharrte die Schachwelt in banger Erwartung. Diesmal nicht für lange. Bald wurde bekannt, daß auf Drängen vor allem der amerikanischen und lateinamerikanischen Schachföderationen erstmals in der Geschichte der FIDE ein Außerordentlicher Kongreß für den 17. März nach Holland einberufen werden solle. Der Zweck der Einberufung war allen klar: man wollte versuchen, den Kampf um die Weltmeisterschaft zu retten, deshalb sollten die Wettkampfbedingungen im Einklang mit den Forderungen Fischers, der sich nach wie vor in Schweigen hüllte, erneut revidiert werden.
Bevor die Kongreßdelegierten ihre Arbeit aufnahmen, erfuhren sie den Inhalt eines Briefes, den mehrere sowjetische Großmeister geschrieben hatten. Dem Präsidenten der FIDE, Max Euwe, wurde ferner ein offener Brief Michail Botvinniks überreicht, der folgendermaßen begann:
»Mein lieber Professor, wir beiden sind die letzten Mohikaner vom Stamme der Weltmeister, die noch in der ersten Hälfte unseres Jahrhunderts gewirkt haben, und es wird wohl kaum einer besser als wir verstehen, welche Gefahren der Schachwelt jetzt drohen.«
Botvinnik äußerte seine Kritik an manchem, was sich unter Duldung durch die FIDE in den letzten Jahren innerhalb der Schachwelt ereignet hatte.
Der Brief endete in optimistischem Ton: ». . . Mir fiel einmal Mark Twains Geschichte vom unglückseligen Bräutigam in die Hände, der regelmäßig am Tag vor seiner Hochzeit unter eine Trambahn geriet, was jedesmal mit irgendeiner Amputation verbunden war. Hier nun erhebt sich die philosophische Frage: in welchem Maße darf ein Bräutigam zum Krüppel werden, bevor die Braut, die ihn leidenschaftlich liebt, endlich auf die Heirat verzichtet? In Zusammenhang

hiermit dürfte die Frage erlaubt sein: wieviele Jahre darf ein Weltmeister (dessen Talent von allen hoch geschätzt wird) allen Wettkämpfen fernbleiben, bis die Schachwelt endlich erkennt, daß das allgemeine Interesse himmelhoch über jeglichem egoistischen Interesse steht?
Früher, als wir uns noch am Schachtisch trafen, Professor, haben mich Ihre überraschenden Züge manchmal verwirrt. Ich hoffe, auch jetzt werden Sie einen Zug finden, den die Schachwelt gutheißt und der Ihnen die Sympathie und das Vertrauen nicht nur Ihrer Kollegen, sondern auch aller Schachliebhaber (sowohl der sowjetischen wie der amerikanischen) wiederbringt. Vertrauen Sie in dieser gerechten Sache jederzeit auf die Unterstützung

Ihres alten Freundes
M. Botvinnik«

Nur ein Mensch blieb in jenen Tagen unerschütterlich ruhig: Anatolij Karpov. Er beurteilte die Lage wie folgt:
»Na ja, das Treffen mit Fischer kann auch nicht stattfinden. Aber ich werde mich trotzdem eisern vorbereiten. Wenn ich jetzt Fischers Kunst eingehend studiere, wird vermutlich auch mein eigenes Spiel stärker und reicher werden.«
Im letzten Moment allerdings beschloß er doch noch, seine Nerven zu schonen und sich im Haus seiner Eltern in Tula vor allen zu verstecken. Dort störte ihn ausgiebiges Telefongeschrill von seiner Lieblingsbeschäftigung – dem Ordnen seiner riesigen Briefmarkensammlung – auf.
»Sogar hier stöbern sie mich auf.« Karpov erhob sich ärgerlich, bedeckte dann die Sprechmuschel mit der Hand und sagte mit verständnislos hochgezogenen Schultern: »Belgrad. Was ist das nun wieder?«
Der Anrufer war der jugoslawische Großmeister Svetozar Gligorič. Ich hörte Karpov energisch sagen:

»Ich will das Match sehr gern spielen, ich bin nur nicht sicher, ob Fischer das gleiche Verlangen danach hat.« 1972 war eine ähnliche telefonische Mission Gligoričs von Erfolg gekrönt: er konnte Fischer und Spasskij zusammenbringen. Offenbar glaubte der amerikanische Großmeister damals an seinen Erfolg, und das Match fand statt. Jetzt schwieg Fischer.

Ich muß Ed Edmondson Gerechtigkeit widerfahren lassen: nach dem Kongreß von Nizza hat er nicht nur, wie versprochen, darum gebetet, daß der Schachlorbeer den USA erhalten bleibe, sondern hat mit Erfolg auch die Vertreter mehrerer kleiner Föderationen in Bewegung gesetzt. Der Außerordentliche Kongreß in Bergen, der weniger repräsentativ war als jener in Nizza, beschloß mit geringer Stimmenmehrheit, die Anzahl der Partien beim Match um die Weltmeisterschaft nicht mehr zu begrenzen und lehnte den letzten Punkt von Fischers Forderungen – ihm noch vor Beginn des Wettkampfs zwei Punkte vorzugeben – ab. Zugleich wurde Fischers Ultimatum von praktisch allen großen Schachstaaten, in denen die meisten Großmeister und Meister lebten, verworfen. Es wurde also festgesetzt: »Das Match um die Weltmeisterschaft wird bis zu 10 Siegen eines Teilnehmers gespielt, die Gesamtzahl der Partien ist nicht begrenzt.« Über die Vorgabe verlautete nichts: gegen die exakteste Wissenschaft, die Arithmetik, kann man nicht angehen. Bei seinem Beharren auf einem nichtlimitierten Match hatte Fischer auch die ihm früher angebotene Vergünstigung von einem Punkt eingebüßt.

»Ob ich damals nervös war. . .?« Karpov sagt das so, als stelle er sich selbst die Frage. »Sich aufzuregen hatte Sinn, als der FIDE-Kongreß noch nicht stattgefunden hatte und als ich fürchtete, es würden dort absolut alle Forderungen Fischers erfüllt werden. In dem Fall, dachte ich bei mir, hätte ich nicht die moralische Berechtigung, gegen Fischer zu spielen. Aber dann, als nicht alle seine Forderungen bewilligt wurden, war ich sofort ganz ruhig. Jetzt ist es klar: entweder findet der Kampf statt, oder ich werde Weltmeister – warum sollte ich mich also aufregen?! Ja, ich habe der unwahrscheinlichen Belastung durch ein nichtlimitiertes Match zugestimmt – was blieb mir denn anderes übrig?!«

... Karpov sandte das Telegramm an das Stabsquartier der FIDE vorfristig ab und kehrte dann ins Trainingslager nach Moskau zurück. Die Stimmung war, wie er gern sagt, normal. Der gefaßte Entschluß war richtig: er war bereit, selbst dann um die Weltmeisterschaft zu kämpfen, als vom FIDE-Kongreß noch eine weitere unerfreuliche Korrektur an den Wettkampfregeln vorgenommen worden war. Jetzt mußte nur noch der Hockeyspieler Vladimir Vikulov ausfindig gemacht werden, der Karpov im Billard geschlagen hatte (Karpov verbrachte diese Tage bei der Eishockeyauswahlmannschaft der UdSSR, die sich ebenfalls für den Weltmeisterschaftskampf vorbereitete). Getreu seiner ehrgeizigen Natur dürstete Karpov nach Vergeltung. Nachdem er sich überzeugend revanchiert hatte, setzte er sich mit dem Mittelstürmer Wladimir Petrov ans Schachbrett. Inzwischen hatten sich Großmeister Furman und einige Hockeyspieler am Radio versammelt, es war ja die Nacht zum 1. April, die Frist für Fischers Antwort lief ab. Es kamen aber keinerlei Schachnachrichten. Die Hockeyspieler sollten früh am Morgen nach München fliegen, und Karpov war nicht geneigt, seine gewohnte Lebensweise aufzugeben, also verabschiedeten sie sich und wünschten sich Hals- und Beinbruch. Ehe er schlafenging, seufzte Anatolij erleichtert: »Na gut... Wenigstens wird morgen endlich alles klar und bestimmt sein.«

Er hatte sich um vierundzwanzig Stunden verrechnet...

Am Morgen verschob Präsident Max Euwe Karpovs offizielle Ernennung zum Weltmeister auf den 3. April, denn er wartete immer noch auf Fischers Entschluß, seinen Titel zu verteidigen. Doch der nunmehr ehemalige Weltmeister hatte keine Lust, sich ans Brett zu setzen, wenn er nicht die Vorgabe von zwei Punkten bewilligt bekam. Es ist sehr vielsagend, daß die führenden Großmeister der Welt – Hort, Ivkov, Larsen, Matanovič, Najdorf, Petrosjan, Tal, Uhlmann und viele andere auf Karpovs Seite standen und daß buchstäblich niemand Fischers Forderungen unterstützte.

Der argentinische Großmeister Najdorf:
»Fischer ist zwar ein sehr starker Spieler, aber ich glaube, selbst wenn dem zugestimmt worden wäre, daß er beim Stand von 9 : 9 Weltmeister bleibt, er würde doch noch einen Vorwand gefunden haben, nicht zu spielen.«

Der berühmte Däne Bent Larsen:
»Wenn Fischer von der Schachbühne abtreten will, steht es ihm frei, das zu tun, aber anderen steht es frei, ihre Vermutungen über die Ursachen eines solchen Entschlusses zu äußern.«

Die Zeitschrift »Hör zu«, Hamburg:
»Nicht Karpov, sondern Fischer ist der Begegnung ausgewichen. Karpov hat ja mehr als einmal seine Bereitwilligkeit zum Kompromiß bewiesen, weil er das Match retten wollte. Das einzige, was er nicht tun konnte, war: Fischer mit Gewalt ans Brett zu setzen.«

»Hör zu«, Hamburg

Was gibt es hier noch lange zu reden, wenn Fischers eigene Landsleute und alle seine ehemaligen Sekundanten, die Großmeister William Lombardy, Robert Byrne und Larry Evans seine Forderungen für ungerechtfertigt hielten!

Ich könnte noch eine ganze Reihe von Zitaten zu diesem Thema anführen. Sie alle würden bestätigen, daß der Weltschachbund am 3. April das einzig Richtige tat, indem er den sowjetischen Großmeister Anatolij Karpov zum 12. Weltmeister in der Geschichte des Schachs ausrief. Er löste damit jenen Schachspieler ab, der, um in der bildhaften Sprache Robert

Byrnes zu sprechen, »sich in seine Höhle verkrochen« und es abgelehnt hatte, den Ehrentitel zu verteidigen.

Als Weltmeister war Fischer in keinem einzigen Turnier, in keinem einzigen Match aufgetreten, hatte er nicht eine einzige offizielle Partie gespielt.

»Natürlich ist es schade«, sagte Karpov, »daß ich mit Fischer nicht um die Weltmeisterschaft gekämpft habe. Aber meine Schuld ist es nicht, ich bin ganz ruhig. Schließlich und endlich gibt es Prinzipien, von denen ich nicht abweichen kann. Fischer wiederum ist ein Mensch, der sich nicht mit einzelnen Errungenschaften begnügt, sondern – entschuldigen Sie meine Schärfe – immer die erste Geige spielen muß. Was soll das? Man hat ihm doch sowieso schon in fast allem nachgegeben. Wer weiß, welche Forderungen er noch erhoben hätte, wenn man ihm immer weiter entgegengekommen wäre.

Ich glaube, ich habe Fischer – wenn auch nicht in persönlicher Begegnung – ganz gut studiert. Ich mußte seine früheren Spiele von Grund auf analysieren. Es handelt sich jetzt nicht um das rein Schachliche – in dieser Hinsicht hat der hervorragende amerikanische Großmeister so etwa zwischen 1970 und 1972 bewiesen, daß er mit Recht für den stärksten Spieler gehalten wurde. Wenn man aber alle Einzelheiten seiner vorhergehenden Zweikämpfe genau betrachtet, zeigt es sich, daß seine triumphalen Siege sich nicht nur aus seiner schachlichen Überlegenheit, sondern auch aus dem psychologischen Druck ergaben, den er auf seine Partner ausübte. Immer hat er mit seinen Protesten und Forderungen sowohl vor dem Spiel wie während des Spiels eine entsetzlich nervöse Atmosphäre erzeugt... Von seinen ausgezeichneten schachlichen Schöpfungen abgesehen, hat Fischer in unsere Welt der Schachkunst ein derartiges Getümmel und Durcheinander hineingebracht, daß die Schachspieler nun auf einmal Diplomaten, Redner und Juristen nötig hatten, um die früher so einfachen und klaren Wahrheiten zu beweisen. Früher konnten sich die Schachspieler in ihrer Sprache bestens miteinander verständigen, jetzt auf einmal ist das fast unmöglich.«

Am 24. April 1975 fand zu Moskau im Säulensaal des Hauses der Sowjet-Republiken die feierliche Krönung des neuen Weltmeisters statt, von der schon zu Anfang des Buches die Rede war. Während der Zeremonie betonte der FIDE-Präsident Max Euwe: »Ich bin beeindruckt von der Haltung des neuen Weltmeisters Anatolij Karpov, von seiner absoluten Anständigkeit und den sportlichen Qualitäten, die er in all dieser Zeit, das heißt fast ein Jahr lang, bewiesen hat, währenddessen sich diese ganze Geschichte hinzog... In Nizza sind bei der Annahme der Regeln viele Wünsche Fischers berücksichtigt worden, vor allem das Spiel bis zu 10 Siegen, eine Neuerung zu Ungunsten des Kandidaten. Anatolij hat sie akzeptiert. Im März dieses Jahres ist der Außerordentliche Kongreß abermals auf Fischers Forderungen eingegangen, indem er das Limit der Partien abschaffte. Unser Anatolij hat sich – von bester sportlicher Gesinnung bestimmt – auch damit einverstanden erklärt. Die FIDE ist über ihren neuen Weltmeister sehr erfreut, wir sind überzeugt, er wird ein großer und würdiger Weltmeister sein und wird uns seine Stärke mehr als einmal bei den verschiedensten Wettkämpfen demonstrieren. Ich hoffe, wenn die nächsten drei Jahre um sind, wieder hierherzukommen und Anatolij Karpov abermals als Weltmeister herzlich beglückwünschen zu können.«

Anatolij Karpov erwiderte:
»Ich glaube, eine der Hauptpflichten eines Weltmeisters ist es, ein ausübender Schachspieler zu sein, damit ihn die Menschen in allen möglichen Ländern am Schachbrett sehen, die Großmeister und Meister sich mit ihm messen, von ihm lernen und ihm ihrerseits etwas beibringen können. Deshalb habe ich mir fest vorgenommen, mich an nationalen und internationalen Wettkämpfen systematisch zu beteiligen.«

Ein naturgemäß unvollendetes Finish

Nachdem er Weltmeister geworden war, sagte Karpov:

»Ich habe die Absicht, viel zu spielen, denn mit der Zurücklegung einer Etappe ist mein Schachdasein nicht beendet. Wenn der festlich-offizielle Teil vorbei ist und alles wieder in normalen Bahnen verläuft, kann ich konkretere Pläne machen. Inzwischen warte ich einigermaßen aufgeregt auf meine ersten Spiele als Weltmeister. Es wird bestimmt schwierig sein – wer weiß, vielleicht erdrückt mich so ein Ehrentitel? Früher war es natürlich einfacher für mich, sowohl sportlich wie künstlerisch gesehen. Aber das macht nichts, ich bin ja vor allem Schachspieler und dann erst Titelinhaber. . .«

Anatolij Karpov hat sein Wort gehalten. Er hat seinen Weltmeistertitel gefeiert, war dann kurz im Ural, seiner Heimat, dann in Leningrad, wo er jetzt lebt und studiert, und genau eine Woche nach seinem 24. Geburtstag flog er zum *großen internationalen Turnier in Jugoslawien.* Er sah etwas müde aus, war aber ehrlich erfreut, daß die Feiertage endlich vorbei waren und nun der Schachalltag begann, daß das von ihm so geliebte Spiel wieder begann und »Karpovs Vertikale« weiter nach oben stieg. Seit seiner Ernennung zum Weltmeister war nur wenig mehr als ein Monat vergangen, und schon saß er wieder am Brett.

Schon bald rief ich ihn in Jugoslawien, in *Portoroz* an, und er diktierte mir die Partie, die er gleich in der ersten Runde gegen den berühmten Großmeister Portisch elegant gewonnen hatte. Später beglückwünschten wir ihn dann zum allgemeinen Sieg in diesem Turnier.

Ohne das Tempo zu vermindern, trat Karpov auf der *Spartakiade der Völker der UdSSR* in der Leningrader Mannschaft auf. Dort fand sich unter sämtlichen Mannschaftsführern keine Konkurrenz für ihn, und seine Partie gegen Spasskij, in die er eine ganze Serie effektvoller Manöver einbrachte, wurde zur Krönung des Turniers.

Im August–September fand das *größte internationale Turnier* mit den bedeutendsten Großmeistern statt, bei dem der Weltmeister nicht fehlen durfte, und wieder saß Anatolij am Brett, diesmal im Saal des feudalen Hotels »Leonardo da Vinci« in *Mailand.* Die Organisatoren hatten sich kein sehr gelungenes Wettkampfreglement ausgedacht. Zunächst ein Turnier der 12 Großmeister im Rundensystem, dann nach olympischem System ein Ausspielen der ersten Plätze unter den vier Besten.

Ich konnte diesem Turnier beiwohnen und darf behaupten, daß sowohl Zuschauer wie Teilnehmer Karpov von Anfang an einen Platz unter den Großen Vier zusprachen.

Der Start bescherte dem Weltmeister keine besonderen Aufregungen, aber dann auf einmal kam die mehr als ärgerliche Niederlage gegen den jungen Schweden Ulf Andersson, den Anatolij schon seit der Jugendweltmeisterschaft 1969 regelmäßig besiegt hatte. Mit merklichem Übergewicht überhastete sich Karpov, als sein Gegner in Zeitnot war, und gestattete Andersson, seine Figuren scharf zu aktivieren. Mit großem Vorteil für den Schweden gingen die beiden Großmeister in die Pause. Es folgte eine vierstündige Fortsetzung der Partie, danach Mittagspause, und wieder ging es ans Brett. (Mit gutem Grund sagte Portisch einmal, er habe nie einen Spieler gesehen, dem es so schwer falle wie Karpov, eine Gewinnposition zu gewinnen.)

Als er vom Schachtisch aufstand, brachte Karpov noch die Kraft zu einem Lächeln auf, obgleich dies seine erste und bisher – da diese Zeilen geschrieben werden – einzige Niederlage als Weltmeister war. Aber da hatte er offenbar meinen ängstlichen Blick gespürt – der ärgerliche Verlust konnte seine Selbstsicherheit beeinträchtigen, und so kurz vorm Ausscheidungsturnier drohten ihm ernstliche Schwierigkeiten. Anatolij faßte mich unter, führte mich etwas abseits und sagte zu mir:
»Was regst du dich auf?! Es klappt alles – zuguterletzt bin ich wieder der Erste.«
Damals hat mich ein derart unerschütterliches Vertrauen in die eigene Kraft überwältigt. Mag sein, daß auch seine Gegner am Brett dieses Selbstvertrauen gespürt haben. Jedenfalls sahen sowohl Tigran Petrosjan wie Lajos Portisch – Anatolijs Gegner im Mailänder Halbfinale und Finale – während ihres Spiels gegen den Weltmeister aus, als hätten sie ihm von vornherein die Siegespalme zuerkannt. Der Erste Preis wurde Anatolij Karpov überreicht.
Er war damals sehr müde und freute sich über eine einwöchige Reise durch Italien, die unsere liebenswürdigen Gastgeber für uns organisiert hatten. Aber selbst diese Erholung verwandelte Karpov in eine wahre Jagd nach neuen Eindrücken. Jeden Tag wurden Semjon Furman und ich angetrieben: »Los, los, schneller, wir schaffen ja sonst nichts.« Er selbst schaffte alles – das Kolosseum und den Petersdom, die Vatikanischen Museen und den berühmten Turm von Pisa und die Florentinischen Gemäldegalerien...
Und natürlich Briefmarkengeschäfte, in denen er seltene Stücke aufstöberte...
Er lebt überhaupt in einem unvorstellbar bewußten Tempo, will immer ganz schnell irgendwohin und nimmt alles, was ihn umgibt, gierig in sich auf. Und mir scheint, Karpov hat sich dadurch auch in bezug auf Schach etwas geändert. Er ist jetzt weniger rationell gesinnt und stellt sich öfter schwierigste Aufgaben. Früher zum Beispiel gestand er:

»Wenn ich zum Überholen ansetze, spiele ich für gewöhnlich im Finish gut. Aber wenn ich Tabellenführer bin, geh ich gegen Ende oft mit der Geschwindigkeit zurück.«

Doch jetzt beim Finish des *internationalen Turniers* in dem kleinen jugoslawischen Städtchen *Skoplje* im März 1976 war er schon ein anderer. In der letzten Runde lag Großmeister Wolfgang Uhlmann, der Weiß hatte, einen halben Punkt vor Karpov. Im Fall eines Sieges hätte Uhlmann den Weltmeister überrundet, dennoch entschloß er sich nicht, auf Sieg zu spielen und schlug Karpov ein diesen befriedigendes Remis vor. Früher wäre Anatolij ganz sicher mit einer solchen »Variante« einverstanden gewesen, jetzt aber lehnte er ohne Zögern das Friedensangebot des Gegners ab (dabei hatte er Schwarz und ging ein Risiko ein). Die Partie endete mit dem Sieg des Weltmeisters, der ein für große internationale Turniere unerhört hohes und seltenes Ergebnis aufzuweisen hatte: 12,5 Punkte von 15 möglichen, dazu kein einziger Verlust.

Wir haben früher bereits vom Elo-System gesprochen, nach dem die Durchschnittskoeffizienten von Mannschaften wie auch Individualkoeffizienten errechnet werden. Anatolij Karpovs Individualkoeffizient überschritt die eindrucksvolle Ziffer von 2700, und damit ist er den Nächstfolgenden um etwa 50 voraus, während die Koeffizienten der übrigen führenden Großmeister um 5–10 Einheiten differieren!

. . . Zu Beginn des Buches haben wir den Schach-Oscar erwähnt. Seit 1973 ist Anatolij Karpov der alleinige Inhaber des Preises. Er hat nun schon drei Schach-Oscars. Den dritten eroberte er als Weltmeister, was keinem seiner Vorgänger gelungen war. Die Weltmeister haben ausnahmslos nach Erreichung des hohen Ziels ihre schachliche Aktivität jäh herabgesetzt. Anatolij Karpov ist aus anderem Holz geschnitzt, eben deswegen hat das Buch kein abgeschlossenes Nachwort. Karpov spielt Schach und seine Vertikale steigt weiter.

Ausgewählte und vom Weltmeister kommentierte Partien

Erklärung der verwendeten Zeichen

−	Zug
x	schlägt
0−0	kurze Rochade
0−0−0	lange Rochade
+	Schach

Anmerkung:
Zug ohne Zwischenraum
schlägt: nach z. B. Sd4:

Partie 1

A. Karpov – E. Gik

**Meisterschaft der Moskauer Staatsuniversität
1968/1969**

Sizilianische Verteidigung

1.	e2–e4	c7–c5
2.	Sg1–f3	d7–d6
3.	d2–d4	c5xd4
4.	Sf3xd4	Sg8–f6
5.	Sb1–c3	g7–g6

Damals erstand der »Drache« gleichsam wieder einmal von neuem – seine Geschichte besteht wie bekannt fast völlig aus Aufstieg und Fall. Diese Partie brachte dem »Drachen« nur Enttäuschungen und es ist durchaus möglich, daß sie einem seiner Abspiele ein Ende bereitet hat.

6.	Lc1–e3	Lf8–g7
7.	f2–f3	0–0
8.	Lf1–c4	Sb8–c6
9.	Dd1–d2	Lc8–d7
10.	0–0–0	Dd8–a5
11.	h2–h4	Sc6–e5
12.	Lc4–b3	Tf8–c8

Gerade diese Variante hatte ich im Auge.

13.	h4–h5	Sf6xh5
14.	Le3–h6	

Früher galt diese Fortsetzung als nicht möglich wegen 14. . . . Sd3+, aber ein halbes Jahr vor der Meisterschaft der Moskauer Staatsuniversität, bei der Studentenolympiade 1968 in Ybbs (Österreich), bewies der deutsche Schachspieler Dueball, daß auch bei dieser Variante Weiß nach 15. Kb1 Sb2:,

16. Kb2: Lh6:, 17. Dh6:, Tc3: im Vorteil bleibt (Analysen bezeugten, daß nach 17. ... Dc3: +, 18. Kb1 überhaupt Weiß fast forciert gewinnt). Ich wollte in der vorliegenden Partie meine häuslichen Vorbereitungen in der mit 17. ... Tc3: endenden Variante erproben. Mein Gegner aber wich ab und ging einer vorbereiteten Neuerung aus dem Wege.

14. ...	Lg7xh6
15. Dg2xh6	Tc8xc3
16. b2xc3	Da5xc3

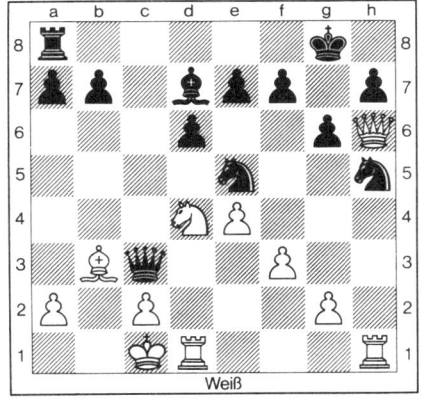

Kaum zu glauben, aber dieser Zug erweist sich als entscheidender Fehler. Notwendig war entweder 16. ... Sf6 oder 16. ... Tc8.

17. Sd4−e2!

Der Beginn eines langen forcierten Manövers.

17. ...   **Dc3−c5**

Nicht angängig war 17. ... Sd3+ wegen 18. Td3: Da1+, 19. Kd2, Dh1: 20. g4.

18. g2−g4	Sh5−f6
19. g4−g5	Sf6−h5
20. Th1xh5!	

Es gibt kein Zögern. Den Zug 20. Sg3, den ich lange überlegte und schon ausführen wollte, verwarf ich wegen der effektvollen Widerlegung 20. ... Lg4!, die ich im letzten Moment bemerkte.

20. ...	**g6xh5**
21. Td1-h1	**Dc5-e3 +**
22. Kc1-b1!	

Die kleinste Ungenauigkeit kann die Partie verderben. So läßt z. B. 22. Kb2 Schwarz mindestens Remis: 22. ... Sd3 +, 23. cd (23. Kb1 verliert sogar nach 23. ... Df3:!) 23. ... De2: +, 24. Ka1 Dd3: und ewiges Schach ist dem Schwarzen sicher.

22. ...	**De3xf3**

Der Springer auf e2 regt niemanden auf – Es geht um das Leben des schwarzen Königs – 22. ... De2:, 23. Dh5:.

23. Th1xh5	**e7-e6**

h7 kann Schwarz nicht verteidigen, da es nach 23. ... De4:, 24. g6! Dg6:, 25. Tg5 aus wäre. Inter-

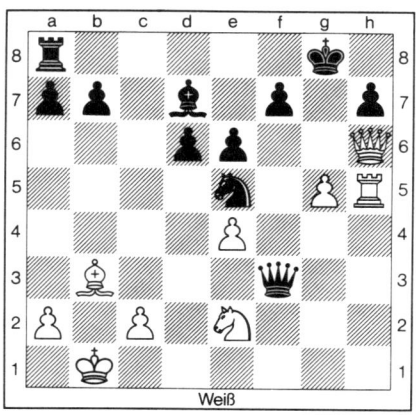

(Stellung nach 23. ... e7-e6)

essant ist 23. ... Sg6, worauf Weiß die Wahl zwischen zwei Varianten hätte: I. 24. Dh7: +, Kf8, 25. Th6 e6, 26. Tg6: fg, 27. Dd7:, De2:, 28. Dd6: +, Kg7, 29. De7 +, Kh8, 30. Df6 +, Kh7, 31. Df7 +, Kh8, 32. Dg6: und II. 24. Dh7: +, Kf8, 25. Dh6 +, Ke8, 26. Dh8 +, Sf8, 27. Th7 e6, 28. g6 fg, 29. Sd4, De4:, 30. Dg8, Dd4:, 31. Df7 +, Kd8, 32. Df8: +, Kc7, 33. Da8: und es gibt kein ewiges Schach – 33. ... Dd1 +, 34. Kb2, Dd4 +, 35. c3 Df2 +, 36. Lc2 Db6 +, 37. Ka1 Dg1 +, 38. Lb1.

24. g5–g6!

Der kühne Bauer erzwingt durch sein eigenes Opfer den Durchbruch durch die schwarze Verteidigungsstellung.

24. ...   **Se5xg6**

Alle übrigen Arten, den Bauern zu schlagen, verlieren auf prosaischere Weise.

25. Dh6xh7 +   **Kg8–f8**
26. Th5–f5!!

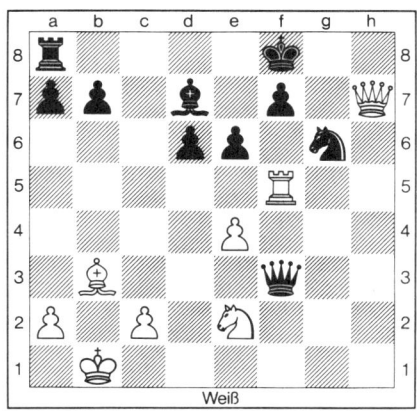

26. ...   **Df3xb3 +**
27. a2xb3   **e6xf5**   143

28.	Se2-f4!	Ta8-d8
29.	Dh7-h6+	Kf8-e8
30.	Sf4xg6	f7xg6
31.	Dh6xg6+	Ke8-e7
32.	Dg6-g5+	Ke7-e8
33.	e4xf5	Td8-c8
34.	Dg5-g8+	Ke8-e7
35.	Dg8-g7+	

Schwarz gab im Hinblick auf den Vormarsch des f-Bauern auf.

Partie 2

A. Karpov – U. Andersson

Jugendweltmeisterschaft 20. August 1969
Spanische Partie

1.	e2-e4	e7-e5
2.	Sg1-f3	Sb8-c6
3.	Lf1-b5	a7-a6
4.	Lb5-a4	Sg8-f6
5.	0-0	Lf8-e7
6.	Tf1-e1	b7-b5
7.	La4-b3	0-0

Nach zwei Siegen traf ich in der dritten Runde des Finalturniers mit Ulf Andersson zusammen. Ich war zufrieden darüber, daß es im Treffen mit einem ziemlich starken Gegner zu einer Spanischen Partie kam. Damals war mein Eröffnungsrepertoire noch sehr eng, aber die Spanische Partie spielte ich mit Weiß und mit Schwarz schon von früher Kindheit an. Kurzum – ich faßte noch mehr Mut und in mir stellte sich die Überzeugung vom erfolgreichen Ausgang dieses Duells ein.

| 8. | c2-c3 | d7-d6 |
| 9. | h2-h3 | Sc6-a5 |

10.	Lb3−c2	c7−c5
11.	d2−d4	Db8−c7
12.	Sb1−d2	Lc8−b7

Eine der ältesten Fortsetzungen im Čigorin-System. Heute kommt dieser Zug selten vor. Wenn er schon gemacht wird, so nach vorangegangenem 12. . . . cd, 13. cd, um auf der geöffneten c-Linie ein Gegenspiel zu beginnen. Jetzt schließt Weiß unverzüglich das Zentrum ab und der schwarze Läufer muß noch zwei Tempi vergeuden, um die Stellung auf d7 zu beziehen, wohin er sofort hätte kommen können. Der Hinweis, daß in geschlossenen Stellungen ein Tempoverlust bedeutungslos sei, ist nicht stichhaltig. Freilich ist ein Tempo in offenen Stellungen wertvoller, aber auch hier soll man es nicht ohne Not verlieren.

13.	d4−d5	Lb7−c8
14.	Sd2−f1	Lc8−d7
15.	b2−b3	

Bezweckt die Einengung des schwarzen Springers. Überhaupt hat Schwarz in vielen Eröffnungen nicht geringe Schwierigkeiten mit der Entwicklung der einen oder anderen Figur. Wir erinnern uns zum Beispiel an die »eingeengten« schwarzen Läufer in der Französischen Verteidigung und in der Benoni-Verteidigung. In unserem Beispiel haben wir es mit dem »häßlichen spanischen Springer« zu tun, der für sich nirgends Betätigung finden kann. Nimmt man ihm das Feld c4 und zieht Schwarz seinen c-Bauern vor, so hat nach b3−b4 dieser Springer, der sich nach b7 zurückgezogen hat, auch keine besonders angenehmen Perspektiven. (Bei dieser Gelegenheit fällt mir ein, daß etwas ähnliches mit diesem Damen-Springer in der sogenannten Jugoslawischen Variante der Königsindischen Verteidigung vorkommt, so daß die Idee durchaus nicht neu ist.)

| 15. | . . . | Sa5−b7 |

Trotz allem sollte wahrscheinlich vorher 15. ... c4 gespielt werden, um nach 16. b4 Sb7 um die a-Linie zu kämpfen (a6—a5).

| 16. c3—c4 | Tf8—b8 |
| 17. Sf1—e3 | Le7—f8 |

Im allgemeinen ist Schwarz bestrebt, durch den Zug g7—g6 den feindlichen Springer nicht nach f5 zu lassen. Jetzt indessen, nach dem Zeitverlust am Damenflügel, fürchtet er nicht ohne Grund das typische Opfer: g2—g4, Kh2, Sf5, worauf der Angriff auf der g-Linie ziemlich ernsthaft werden kann.

| 18. Se3—f5 | Sb7—d8 |

Es ist begreiflich, daß Lf5: unvorteilhaft ist, da die Beherrschung des Punktes e4 und die Möglichkeit eines Bauernangriffs auf dem Königsflügel Weiß völlig zum Herrn der Lage macht. Deshalb beginnt Andersson mit der Errichtung einer »Festung« (Sd8 Se8, f7—f6, Sf7 und f7—f6, g7—g6), und am anderen Rand des Brettes öffnet er die b-Linie für seine Türme.

| 19. Sf3—h2 | |

Ein solcher Angriff wird hier vielleicht effektiver sein als das schablonenhafte g2—g4, Kh2 Tg1. Einer der hauptsächlichen Minuspunkte der schwarzen Stellung ist, daß der Läufer d7 dem eigenen Springer ein wichtiges Feld genommen hat, der von hier den wichtigsten Punkt e5 stützen könnte. Gerade dieser Punkt e5 wird im weiteren Verlauf dem Angriff f2—f4 unterworfen sein.

| 19. ... | Sf6—e8 |
| 20. h3—h4 | |

Widerspricht nicht der Idee f2—f4. Nichtsdestoweniger beabsichtigt Weiß, einstweilen mehr Raum zu gewinnen. Seinerseits 20. ... g6 zu spielen wäre für den Gegner nicht gut, da 21. Sh6+ unangenehm wäre. Mein Springer würde dem König sehr auf die Nerven gehen.

$$20. \ldots \qquad f7-f6$$

Der chronische Mangel der Stellung des Schwarzen – wenn er einen Springer ins Spiel führt, nimmt er mit den Bauern dem anderen die Felder.

$$21. \ h4-h5 \qquad Sd8-f7$$
$$22. \ Te1-e3$$

Die dritte Reihe – die ideale Rollbahn für die Verlegung des Turmes auf jeden Flügel. Überhaupt muß der Turm wie die leichten Figuren schnell in das Spiel eingreifen können.

$$22. \ldots \qquad Sf7-g5$$

Anscheinend unter den gegebenen Verhältnissen die einzige Möglichkeit, wenn nicht eine Festung, so doch Befestigungen zu errichten. Hinter dieser vor-

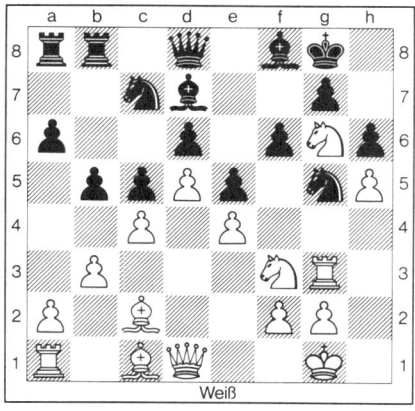

(Stellung nach 26. Sh4–g6)

deren Befestigungslinie haben sich die übrigen Figuren (insbesondere der schwarzfeldrige Läufer) niedergelassen, die ins Spiel kommen, wenn Weiß zum direkten Angriff übergeht.

23. Sf5−h4	Dc7−d8
24. Te3−g3	Se8−c7
25. Sh2−f3	h7−h6
26. Sh4−g6	(Diagramm Seite 147)

So wäre alles erreicht, oder fast alles. Dieses »fast« besteht jetzt darin, nach vorheriger Verteidigung der Punkte c4 und e4 die weißfeldrigen Läufer abzutauschen, worauf dem Gegner gar nichts mehr für die Verteidigung der geschwächten Felder in seinem Lager übrigbliebe. So ist der allgemeine strategische Plan des Weißen zu verstehen. Für seine Verwirklichung aber sind noch nicht geringe Schwierigkeiten zu bewältigen und eine Menge taktischer Feinheiten zu berücksichtigen.

| 26. ... | a6−a5 |

Bei Beginn des Gegenspiels möchte Schwarz mit dem weiteren Vorrücken des Bauern sofort zwei Linien − a und b − öffnen. Zwei Linien − das ist nicht mehr eine − und das muß verhindert werden.

27. a2−a4!

Die Schwächung des Punktes b4 ist nicht gefährlich − Sb4 droht mir nicht, sondern versperrt meinem Gegner nur die einzige offene b-Linie.

27. ...	b5:c4
28. b3:c4	Sc7−a6
29. Dd1−e2	Ta8−a7
30. Lc1−d2	Ta7−b7
31. Ld2−c3	

Man muß sorgfältig alle Punkte eines möglichen Eindringens der feindlichen Türme überwachen.

31. ...	**Sa6−b4**

Ein nutzloser Zug. Auf diesem Feld muß man die Qualität opfern − Tb7−b4. Die folgenden, auf den ersten Blick komplizierten und kniffligen Manöver des Weißen zielen auf die Verwirklichung des strategischen Hauptplans, von dem ich bereits gesprochen habe, und auf die Vorbeugung jeglicher Aktivität des Schwarzen ab.

32.	Lc2−d1	Sb4−a6
33.	Sf3−d2	Sa6−b4
34.	Tg3−e3	Ld7−e8
35.	Sd2−f1	Dd8−c8
36.	Sf1−g3	Le8−d7
37.	De2−d2	Sg5−h7
38.	Ld1−e2	Kg8−f7
39.	Dd2−d1	Lf8−e7
40.	Sg3−f1	

40. ... f6−f5 ist nur für Weiß günstig, da dieser Springer sich ruhig von g3 zuerst nach h2 begibt, um den Abtausch der Läufer zu unterstützen.

40.	...	Le7−d8
41.	Sf1−h2	Kf7−g8
42.	Le2−g4	

Na, endlich ... Bei dieser Gelegenheit sei bemerkt, daß jetzt für Schwarz 42. ... Lg4:, 43. Sg4: Sc2 nicht geht wegen 44. Sh6: +.

42.	...	Sh7−g5
43.	Ld4:d7	Dc8:d7
44.	Sh2−f1	(Diagramm Seite 150)

Weiß hat seinen Plan verwirklicht und beabsichtigt jetzt, mit Hilfe des Manövers Sf1−g3−f5 mit dem weiteren Bauernsturm g2−g3 und f2−f4 den entscheidenden Angriff durchzuführen. Andersson

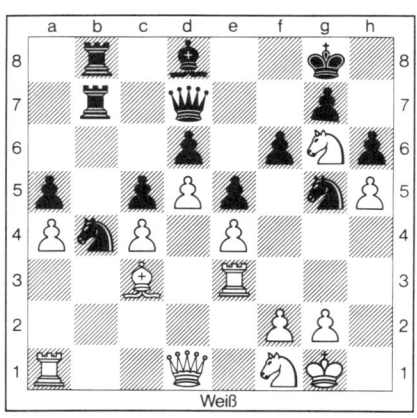

(Stellung nach 44. Sh2—f1)

macht einen Versuch, sich aus der Klemme zu be-
freien.

44.	. . .	f6—f5
45.	e4:f5	Dd7:f5
46.	Sf1—g3	Df5—f7

Auf 46. . . . Dc2 würde das furchtbare 47. f4 folgen
und 47. . . . ef ginge nicht wegen des »Matt-Schachs«
48. Te8+.

47. Dd1—e2!

Droht erneut das programmäßige f2—f4.

| 47. | . . . | Ld8—f6 |
| 48. | Ta1—f1! | |

Auf den geöffneten Linien dringen die weißen schweren Figuren ins feindliche Lager ein, während die
schwarzen Springer noch immer eine Statistenrolle
spielen.

48.	. . .	Df7—d7
49.	f2—f4	e5:f4
50.	Tf1:f4	Lf6:c3
51.	Te3:c3	Tb8—e8

Natürlich kein Angriff auf die Dame (52. ... Te2:, 53. Tf8+ Kh7, 54. Th8 matt), vielmehr ein Versuch der Neutralisierung des weißen Drucks auf die e-Linie.

| 52. | Tc3–e3 | Tb7–b8 |
| 53. | De2–f2 | |

Droht 54. Te7! Die Partie ist entschieden.

53.	...	Sg5–h7
54.	Sg3–f5	Te8:e3
55.	Df2:e3	Sh7–f6
56.	Sg6–e7+	Kg8–h8

Auch 56. ... Kh7 hätte verloren nach 57. Sh6: und auf 56. ... Kf7 hätte 57. Dg3 genügt. In der Partie folgte noch:

57.	Sf5:h6	Tb8–e8
58.	Sh6–f7+	Kh8–h7
59.	Tf4–e4!	Te8:e7
60.	Te4:e7	

Schwarz gab auf.

Partie 3

B. Ivkov – A. Karpov

Caracas 1970
Damen-Gambit

Also 6 aus 7!

Die Teilnehmer schauten mit Staunen auf die Tabelle, in der ein Jüngling an der Spitze stand. Zum ersten Mal tauchten auf (und verschwanden sogleich) die allerehrgeizigsten Gedanken ...

1. **Sg1−f3**	**Sg8−f6**
2. **c2−c4**	**e7−e6**
3. **Sb1−c3**	**d7−d5**
4. **d2−d4**	**Lf8−e7**
5. **Lc1−g5**	**0−0**
6. **e2−e3**	**h7−h6**
7. **Lg5−h4**	**b7−b6**
8. **Lf1−d3**	

Damals war der Wettkampf V. Korčnoj / E. Geller noch nicht gespielt, wo 8. Le2 Lb7, 9. Lf6:Lf6:, 10. cd ed, 11. Db3 versucht wurde.

8. **...**	**Lc8−b7**
9. **0−0**	**c7−c5**

Letzten Endes muß es auf die Stellungen mit den hängenden Bauern oder mit dem isolierten Damen-Bauern hinauslaufen. Alles wird davon abhängen, wie man überhaupt spielt, aber irgendwelche Nachteile kann Schwarz beim Ausgang des Eröffnungskampfes nicht haben.

10. **Dd1−e2**	**c5:d4**
11. **e3:d4**	**Sb8−c6**
12. **Ta1−d1 (?)**	

Dieser Zug ist entweder mit einem Bauernopfer oder mit dem Abtausch der wichtigsten weißen Figur – des Läufers d3 – verbunden.

12. **...**	**Sc6−b4**
13. **Ld3−b1**	**d5:c4**
14. **Sf3−e5**	**Ta8−c8**
15. **a2−a3**	

Natürlich kann der Bauer c4 nicht zurückgewonnen werden wegen Lb7−a6.

15. **...**	**Sb4−d5**

Offenbar hat Ivkov aus weiter Sicht immerhin diese Stellung nicht richtig gewürdigt. Aber sie ist – objektiv! – zugunsten von Schwarz.

16. Lh4:f6

Hier bot mir Ivkov Remis an.

... Damals auf der Straße bemerkte ich in meiner Antwort auf das Stichwort des jugoslawischen Großmeisters, daß sich vieles ändern könne. Ich sollte recht behalten ...

Das sportliche Resultat, die Ergebnisse der ersten Begegnungen mit den Großmeistern machte mir große Hoffnungen. Die Analyse der Tabelle bewies, daß, wenn es gelingen werde, ohne Niederlage an Ivkov, Panno, Kavalek und Stein (noch weit – in der vorletzten Runde!) vorbeizukommen, reale Chancen sogar auf den 1. Platz bestehen könnten. Und ich wollte eben dasselbe Remis, das mir der Teilnehmer der »Auswahlmannschaft der Restwelt« anbot, die kurz vorher mit einer Auswahlmannschaft der UdSSR zusammengetroffen war. Ich wollte Remis, aber bevor der Großmeister einen Bauern weniger hatte. Jetzt aber antwortete ich: »Nein!« Ich antwortete so, aber im Innern konnte ich mich nicht umstellen. Mein Kopf kam nur träge in Gang. Im Gegensatz dazu begann Ivkov mit großer Kraft zu spielen, und nach einigen Zügen war die Partie entschieden, welche mich nicht nur zur ersten Null im Turnier, sondern auch in eine langdauernde Depression geführt hat.

16. ...   Le7xf6?

Ein Fehler. Unbedingt nötig war es, den gefährlichen Springer zu beseitigen – 16. ... Sc3:! – oder wenigstens 16. ... Sf6: zu spielen. Schuld war, wie ich schon sagte, die träge Arbeit des Kopfes: Ich begann »aus allgemeinen Erwägungen« zu spielen, sorgte mich sogar darum, die Blockade des Bauern d4   153 nicht aufzugeben, während es notwendig gewesen wäre, zur konkreten Berechnung der Varianten überzugehen.

17. De2–c2	Tf8–e8

Es ist begreiflich, daß nach 17. . . . g6 sofort 18. Sg6: gefolgt wäre.

18. Dc2–h7+	Kg8–f8
19. Sc3–e4	

In den Angriff schaltet sich jener Springer ein, den ich im 16. Zug nicht abgetauscht habe, während mein Springer auf d5 ein Statist bleibt. Schon droht 20. Sf6:, und es geht weder 20. . . . Df6: – 21. Sd7+, noch 20. . . . gf – 21. Df7: matt, noch 20. . . . Sf6: – 21. Dh8+, Sg8, 22. Lh7, Ke7, 23. Dg7:.

19. . . .	Tc8–c7
20. Tf1–e1	c4–c3

20. . . . gf – 21. Df7: matt, noch 20. . . . Sf6: – 21. Dh8+, Sg8, 22. Lh7, Ke7, 23. Dg7:.

21. Se4–g3!	

Ein schreckliches Kombinationsmotiv tritt in Verbindung mit dem Ausfall 22. Sf5 auf und 22. . . . ef geht nicht wegen 23. Sd7+ und 24. Dh8 matt. Aber es ist noch lange nicht alles verloren. Remis gab, wie mir scheint, der Zug 21. . . . g6! (So dachte, nebenbei bemerkt, auch Ivkov.) Angesichts der Drohung Lg7 und Sf6 muß Weiß wohl nach 22. Lg6:, Le5:, 23. de fg, 24. Dh8+, Kf7 ein ewiges Schach erzwingen.

21. . . .	Sd5–e7
22. Dh7–h8+	Se7–g8
23. Lb1–h7	(Diagramm Seite 155)

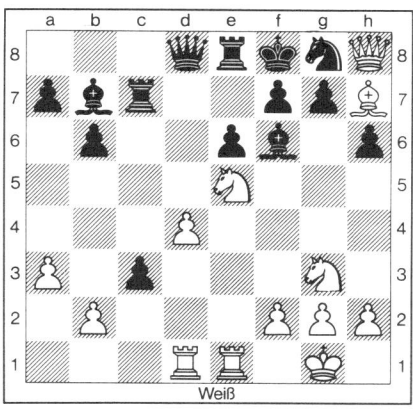

(Stellung nach 23. Lb1–h7)

23.	. . .	Lf6xe5?
24.	Sg3–f5!	e6xf5
25.	Dh8xg8 +	Kf8–e7
26.	Te1xe5 +	Ke7–f6
27.	Te5xf5 +	Kf6–e6
28.	Td1–e1 +	Ke6–d7
29.	Te1xe8	

Schwarz gab auf.

Nach Beendigung der Partie zeigte Borislav Ivkov eine überraschende Variante, die er in der Diagramm-stellung berechnet hatte: 23. . . . Ke7, 24. Sf5+, ef, 25. Sc6+, Kd7, 26. Sd8:, g6!!. 27. Te8:, Lh8:, 28. Tg8:, c2, 29. Tc1, Ld4:, 30. Sb7:, Lb2:, 31. Tc2: und Schwarz hat eine ganz vorzügliche Stellung. Wie ärgerlich, daß diese Variante Ivkov sah, ich aber nicht!

Partie 4

A. Karpov – V. Hort

Alechin-Gedenkturnier in Moskau 1971

Sizilianische Verteidigung

1.	e2–e4	c7–c5
2.	Sg1–f3	d7–d6
3.	d2–d4	c5xd4
4.	Sf3xd4	Sg8–f6
5.	Sb1–c3	e7–e6
6.	g2–g4	

Keres' Waffe, die nicht rostet. Der Wunsch, den Springer f6 zurückzudrängen und die Voraussetzungen für einen Angriff am Königsflügel zu schaffen, ist durch taktische Motivierungen bestärkt.

6.	...	Sb8–c6

6. ... h6 hätte den Weißen in der Durchführung seiner Pläne mehr gestört.

7.	g4–g5	Sf6–d7
8.	Lc1–e3	a7–a6
9.	f2–f4	

Mag sein, daß ich jetzt 9. Tg1 vorziehen würde.

9.	...	Lf8–e7

Wahrscheinlich befürchtete mein Gegner auf 9. ... h6 einen Zug, den ich beabsichtigte – 10. Se6: (etwas anderes gab es eigentlich nicht, da 10. gh oder 10. g6 für Weiß wegen 10. ... Dh4+ geradezu unvorteilhaft ist). In der Partie hätten unübersehbare Verwicklungen entstehen können – 10. ... fe, 11. Dh5+, Ke7, 12. Lh3, De8, 13. Dh4 – mit schwer ab-

zuschätzenden Folgen. Gerade dazu zwang mich
der Turnierstand.

10.	Th1–g1	Sc6xd4

Normalerweise eilt es Schwarz mit diesem Tausch
nicht; es ist jedoch hier nicht einfach, einen anderen
Zug zu finden. 10. . . ., Dc7 sieht zu langsam aus;
sich zu 10. . . . 0–0 zu entschließen, direkt in den
Angriff hineinzurochieren ist nicht leicht: 10. . . .,
Sc5, 11. Sc6:, bc, 12. Lc5: gibt Weiß klaren Vorteil.

11.	Dd1xd4	e6–e5
12.	Dd4–d2	e5xf4
13.	Le3xf4	Sd7–e5

Selbstverständlich schlecht für Schwarz wäre 13. . . .
Db6, 14. Tg3, Db2:, 15. Tb1, Da3, 16. Sd5.

14.	Lf1–e2	Lc8–e6
15.	Sc3–d5!	

Sofort! Sonst eilt des Gegners Dame in eine aktive
Stellung (15. 0–0–0, Da5!).

15.	...	Le6xd5

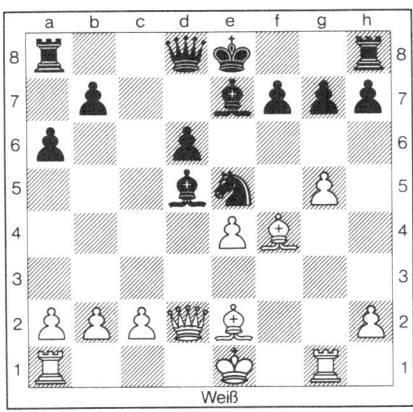

16. e4xd5

Anscheinend ist es die Regel, daß man bestrebt ist, das Blockadefeld mit einer Figur und nicht mit einem Bauern zu besetzen. 16. Dd5: ließ mir in der Tat Vorteil, da der Punkt d6 seitens des Schwarzen allzeit Schutz verlangt hätte. In diesem Falle hätte aber mein Bauer e4 doch gelegentlich in Obhut stehen müssen, was meinen weißfeldrigen Läufer hätte beengen können. Jetzt dagegen ist dieser Läufer in seinen Handlungen frei, umsomehr, als sein schwarzer Gegenspieler vom Brett verschwunden ist.

16. . . .   **Se5−g6**

Die Stellung des Schwarzen ist merklich schlechter, deshalb sucht Hort taktische Lösungen der vor ihm entstandenen Probleme. Zu passiver Verteidigung verurteilen würde ihn die kurze Rochade oder auch 16. . . . Dc7 und hierauf 17. . . . 0−0−0.

17. Lf4−e3   **h7−h6?!**
18. g5xh6   **Le7−h4 +**
19. Ke1−d1

Der weiße König regt sich wegen des Verlustes der Rochade nicht auf.
Der andere König bewahrte diese Möglichkeit für sich bis zum Ende der Partie, konnte sie jedoch nicht ausnützen.

19. . . .   **g7xh6**
20. Le3xh6   **Lh4−f6**

Wahrscheinlich wäre mit 20. . . . Df6 Schwarz nicht gedient gewesen im Hinblick darauf, daß der Läufer h4 merklich an Beweglichkeit verloren hätte.

21. c2−c3   **Lf6−e5**

(Diagramm Seite 159)

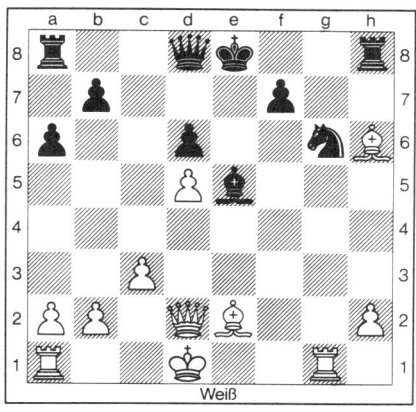

(Stellung nach 21. c2−c3 Lf6−e5

Auf den ersten Blick scheint es, daß Schwarz seine Ziele erreicht hat – es droht 22. ... Dh4 und nach 23. Lg5 Db6, 24. Le3 Dc7 sind meine Errungenschaften durchaus nicht groß. Aber Weiß hat eine sehr starke Entgegnung.

22. Tg1−g4!

Der Bauer h2 regt (einstweilen!) niemanden auf. Jetzt ist die Hauptsache, die feindliche Dame nicht in eine aktive Stellung am Königsflügel kommen zu lassen, wo meine Figuren immerhin ein wenig »herumhängen«.

22. ...   Dd8−f6

Verhältnismäßig am besten war 22. Lh2:, was das materielle Gleichgewicht wiederhergestellt hätte. Aber man kann auch den tschechoslowakischen Großmeister verstehen: Er wollte »sich entwickeln«.

23. h2−h4!

23. ... Sh4:? geht nicht wegen 24. Lg7. Überhaupt wird es jetzt schon schwierig sein, diesen – noch   159

vor kurzem so hilflosen Bauern – zurückzugewinnen,
der jetzt allmählich eine furchterregende Stärke erlangt.

23.	...	Df6–f5
24.	Tg4–b4	Le5–f6
25.	h4–h5	Sg6–e7

Verständlich, daß dieser Rückzug weniger ehrenvoll
ist als 25. ... Se5, aber Pseudoaktivität konnte jetzt
schon nach 26. Tf4 eine Figur kosten.

| 26. | Tb4–f4 | Df5–e5 |

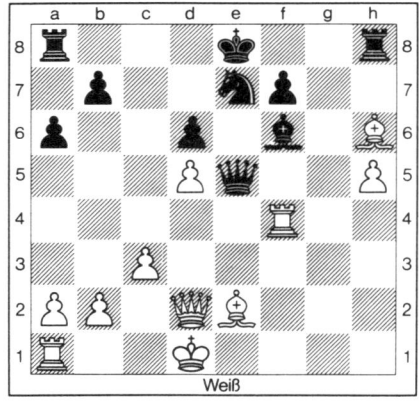

27. Tf4–f3!

Von Zeit zu Zeit schafft so ein schwerfälliger Turm
eine Drohung nach der anderen.

| 27. | ... | Se7xd5 |
| 28. | Tf3–d3 | Th8xh6 |

Etwas besseres ist nicht zu sehen – auf 28. ... Se7
folgt 29. Lf4.

160   **29. Td3xd5**

Fehlerhaft wäre 29. Dh6: gewesen, wegen 29. . . .
Lg5 und 30. . . . Se3+.

29. . . .	De5−e4

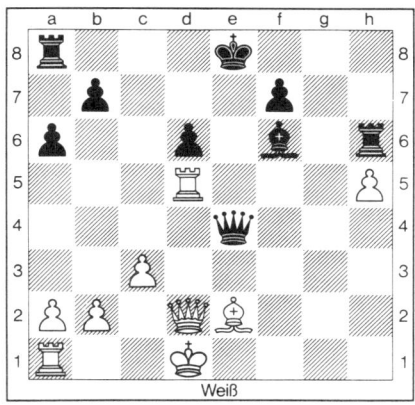

Anscheinend ist bei Schwarz alles in Ordnung, aber
. . . **30. Td5−d3!** Eine Hymne auf den Turm! Auge und
Gedanke des Schachspielers sind an die Leistungs-
fähigkeit aller Figuren gewöhnt, aber – seien wir uns
einig – den Türmen schreibt man sie hauptsächlich
im Endspiel zu.

30. . . .	De4−h1+

Schwarz ist gezwungen, auf diesen gewiß nicht
gleichwertigen Tausch einzugehen.

31. Kd1−c2	Dh1xa1
32. Dg2xh6	Lf6−e5
33. Dh6−g5	

In dieser ausweglosen Lage überschritt V. Hort die
Zeit, was ihm als Niederlage angerechnet wurde.
Die Partie wurde als die beste im Aljechin-Gedenk-
turnier bezeichnet und der jugoslawische »Informa-
tor« nannte sie eine der besten schöpferischen Lei-

stungen des Schachjahres 1971. Offengestanden, auch ich liebe diese meine Partie sehr . . .

Partie 5

A. Karpov – E. Ungureanu

Schach-Olympiade in Skoplje 1972
Sizilianische Verteidigung

1.	e4	c5
2.	Sf3	Sc6
3.	d4	cd
4.	Sd4:	Sf6
5.	Sc3	d6
6.	Lg5	e6
7.	Dd2	Le7
8.	0–0–0	0–0
9.	f4	Sd4:
10.	Dd4:	Da5
11.	Lc4	Ld7
12.	e5	de
13.	fe	Lc6
14.	Ld2	Sd7
15.	Sd5	

Wie ist es schwer und doch gleichzeitig interessant für die Normal-Zuschauer. Sie erleben, sie berechnen die Varianten und viel später ergreift sie Enttäuschung, wenn irgendwer plötzlich sagt: »Das ist doch alles Eröffnungstheorie und ist schon hundertmal vorgekommen«.

15.	. . .	Dd8
16.	Se7:+	De7:
17.	Th1–e1	Tf8–c8
18.	Df4	

»Warum denn«, fragte ich Karpov, »nicht 18. h4, wie man gewöhnlich spielt?« »Schwarz könnte mit 18. . . . Dc5 antworten und es würde sich ein Endspiel ergeben, das man nicht gewinnen kann. Aber ich dachte die ganze Zeit, als ich schon zum Spiel ging, daß man von mir heute eine Eins erwartet.«

18.	...	a5
19.	Kb1	Sb6
20.	Ld3	Sd5
21.	Dg4	Dc5
22.	Te4!	

Gut arbeiteten Karpovs Türme auf dieser Olympiade. Man erinnert sich an wenigstens drei Partien, wo der junge Großmeister durch Hinüberwerfen der schweren Figuren auf den Königsflügel den Ausgang der Kämpfe durch einen direkten Angriff entschied.

| 22. | ... | b5 |
| 23. | Dh3! | |

(Der Saal atmete auf und wurde gleich wieder still – wird Schwarz nicht 24. Dh7: + Kh7:, 25. Tc4 + übersehen?)

| 23. | ... | Sb4 |

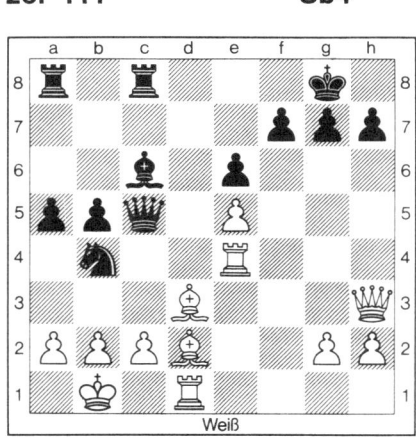

Der ungarische Großmeister L. Szabo, der diesmal nicht zur Mannschaft gehörte wegen »psychologischer Unvereinbarkeit« mit seinen Kollegen, gab dagegen hier sofort 24. Tb4: ab, 25. Dh7:+ Kf8, 26. Dh8+ Ke7, 27. Dh4+ an, aber nach 27. ... g5 ist kein Matt zu sehen. Der technische Umweg 24. Lb4: ab, 25. Dh7:+ Kh7:, 26. Tc4+ erschien lange und deshalb schickte sich Karpov an, einen geraden Weg zu suchen. Als er ihn fand, unterdrückte er kaum ein zufriedenes Lächeln.

24. Le3!

Erstaunliche schachliche Schönheit deckt sich in der Variante 24. ... De7, 25. Tb4: Db4:, 26. a3!! Da4, 27. Dh7:+ Kf8, 28. Lc5+ Ke8, 29. Dg8+ Kd7, 30. Df7:+ Kd8, 31. De7 matt auf. Nun, nachdem er auf den Zug 26. a3 gestoßen war, lächelte Karpov innerlich, als er jenes Gefühl erlebt hatte, um dessentwillen viele Schach spielen.

24. ...	Le4:
25. Le4:	

Er begnügt sich nicht einmal mit der Eroberung der Dame.

25. ...	De5:
26. Dh7:+	Kf8
27. La8:	Ke7

Nach 27. ... Ta8:, 28. Dh8+ Ke7, 29. Da8: De3: folgt 30. Dd8 matt, und auf 27. ... g6 genügt 28. Tf1.

28. De4	Dc7
29. Db7	

Schwarz gab auf.

Abends saß der Sieger und überlegte lange, welche

von den von ihm gespielten Partien er zur Bewerbung um einen Schönheitspreis einreichen soll. Dann lächelte er listig jugendhaft: Habe ich, scheint es, wirklich nicht schlecht auf der Olympiade gespielt? (Kommentar der 5. Partie: Aleksandr Rošal)

Partie 6

A. Karpov – L. Polugaevskij

6. Wettkampfpartie Moskau 1974
Sizilianische Verteidigung

1.	e2–e4	c7–c5
2.	Sg1–f3	d7–d6
3.	d2–d4	c5xd4
4.	Sf3xd4	Sg8–f6
5.	Sb1–c3	a7–a6
6.	Lf1–e2	e7–e5
7.	Sd4–b3	Lf8–e7
8.	0–0	Lc8–e6
9.	f2–f4	Dd8–c7
10.	a2–a4	Sb8–d7
11.	Kg1–h1	0–0

Diese Variante der sizilianischen Verteidigung entstand jedesmal, wenn Polugaevskij mit Schwarz spielte. Bei der Vorbereitung zum Match rechnete ich mit meinem Trainer Großmeister S. Furman mit einer solchen Möglichkeit und wir hatten es auf die zweckmäßigste Aufstellung der Streitkräfte abgesehen. Gewöhnlich setzte man hier mit 12. f5 fort. So spielte ich insbesondere im Interzonen-Turnier in Leningrad gegen R. Byrne, aber Erfolg hatte ich nicht.

12. Lc1–e3

Die Idee E. Gellers. Der Weiße bewahrt die Spannung im Zentrum, solange er sich nicht endgültig in seinen Absichten festlegt.

12.	...	e5xf4
13.	Tf1xf4	Sd7−e5
14.	a4−a5	

In der 4. Partie dieses Wettkampfs spielte ich schwächer − 14. Sd4, und nach 14. ... Ta8−d8 erlangte Schwarz ein gutes Spiel.

| 14. | ... | Sf6−d7 |
| 15. | Tf4−f1 | Le7−f6 |

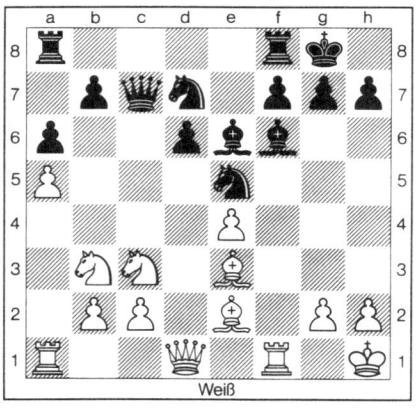

| 16. | Sc3−d5 | Le6xd5 |
| 17. | Dd1xd5 | |

Hier muß ich einigen Kommentatoren etwas erklären. Nicht nur viele Schachliebhaber, sondern auch einige Kommentatoren verstehen mein Spiel nicht, meine Einstellung zum Schach.
Für mich ist Schach vor allem ein Kampf. Deshalb stelle ich den sportlichen Grundsatz in den Vordergrund. Man muß den Gegner besiegen, und nach diesem Ziel strebe ich in jeder Partie.

166 Manchmal wirft man mir Trockenheit, Rationalität,

Berechnung vor. Ja, ich bin praktisch. Mein Spiel ist in vielem auf die Technik gegründet. Ich bemühe mich, »richtiges« Schach zu spielen und niemals riskiere ich so viel wie, sagen wir Larsen. Mit Weiß strebe ich nach Vorteil von den ersten Zügen an, mit Schwarz versuche ich am Anfang die Stellung auszugleichen. Aber von mehreren möglichen Entscheidungen wähle ich keineswegs die einfachste, sondern die zweckmäßigste. Wenn man mehrere gleichwertige Fortsetzungen hat, hängt die Wahl viel von meinen Gegnern ab. Z.B. gegen Korčnoj oder Tal gehe ich lieber auf einfache Stellungen ein, die ihrem schöpferischen Stil nicht entsprechen, während ich gegen Petrosjan versuche, das Spiel verwickelter zu gestalten. Sehe ich aber den einzig richtigen Weg, dann gehe ich nur diesen, wer mir auch gegenübersitzen möge. Im übrigen fühle ich in letzter Zeit, daß mein Stil einige Änderungen durchmacht.
Kehren wir zurück zur Partie. Das Opfer von zwei Bauern, welches ich Polugaevskij anbot, wäre mir früher niemals in den Sinn gekommen. Alle dachten, dies sei eine häusliche Vorbereitung. Aber Gott sieht (und mein Trainer weiß!), daß diese Frucht der Phantasie eine Improvisation am Brett ist. Auch jetzt erscheint mir meine Entscheidung unheimlich.

| 17. ... | Dc7xc2 |
| 18. Sb3—d4 | Dc2xb2 |

Wie sagt man im Russischen Volk: »Sieben Nöte – eine Antwort«! Der Versuch, sich auf weniges zu beschränken (selbst wenn Schwarz hätte so verfahren wollen), führt zu einer Stellung mit materiellem Ausgleich und merklichem Positionsvorteil für mich. Z.B.: 18. ... Dc5, 19. Sf5! Dd5:, 20. ed und der schwarze Bauer d6 geht verloren.

| 19. Ta1—b1 | Db2—c3 |

Schlechter ist 19. ... Da3, da in einigen Varianten die schwarze Dame am Rand des Bretts sich außerhalb des Spiels befindet.

20. Sd4–f5	Dc3–c2

Polugaevskij manövriert prächtig. Es ist der beste Zug.

21. Tb1–e1

Eine Ungenauigkeit. Nach 21. Tf1–e1 erhielt Weiß Vorteil. Jetzt findet sich für Schwarz eine Verteidigung.

21. ...	Sd7–c5
22. Sf5xd6	Sc5–d3
23. Le2xd3	Se5xd3
24. Te1–d1	Sd3–b4
25. Dd5xb7	

Anfangs hatte ich zwei und darauf einen Bauern weniger und, mag sein, daß ich deshalb unterbewußt anfangs nach Liquidierung des »materiellen Ausfalls« strebte. Indessen hätte 25. Dh5 die Drohung 26. Tf6: gf, 27. Dg4+ Kh8, 28. Lh6 geschaffen, die abzuwehren für den Gegner nicht einfach gewesen wäre.

25. ...	Ta8–b8
26. Db7–a7	Dc2–c6

Entscheidender Fehler. Nicht gut ist auch 26. ... Sc6, 27. Dc7 Sb4, 28. Dc2: Sc2:, 29. Lb6 mit Vorteil für Weiß. Aber 26. ... De2 gab Schwarz genügendes Gegenspiel.

27. Le3–f4

Man sagte mir, daß Furman in diesem Moment im Pressebüro bewies, daß das Qualitätsopfer 27. Tf6:! gf 28. Lh6 für Weiß zum Siege führt. (Es droht 29. De3, auf 28. ... Sd3 folgt 29. Lf8:! und auf 28. ... Dc2 29. Tc1 Dd3, 30. Dc5!.) Wahrscheinlich hat er recht, aber der vom Großmeister gezeigte Weg zum Siege ist nicht der einzige. Und die im Pressebüro Anwesenden bezeugen in der Tat, daß der Trainer befriedigt bemerkte: »So ist es auch gut«. In der Tat nimmt die Drohung e4−e5 Schwarz die Handlungsfreiheit, und der Springer b4 ist außer Spiel.

27.	...	Tb8−a8
28.	Da7−f2	Ta8−d8
29.	Df2−g3!	Dc6−c3
30.	Tf1−f3	Dc3−c2
31.	Td1−f1	Lf6−d4

Sonst folgt e4−e5 mit entscheidendem Angriff. Die Offensive ist übrigens schon nicht mehr aufzuhalten.

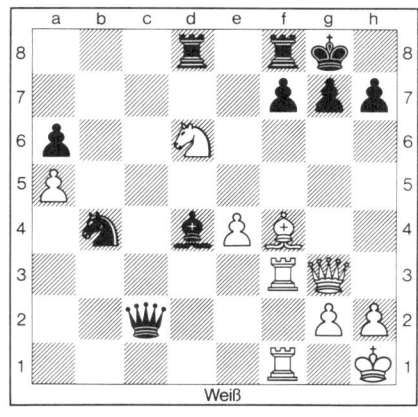

32. Lf4−h6

Jetzt richtet sich das Feuer gleichzeitig auf die Punkte f7 und g7.

32. ...   Sb4−c6

In der Hoffnung, das Spiel nach 33. Sf7: Dc4! zu komplizieren.

33. Sf6−f5	Dc2−b2

Mit einem schönen Finale wäre die Partie im Falle
von 33. ... Le5 zu Ende gegangen: 34. Lg7: Lg3:,
35. Tg3: und Schwarz steht vor dem unvermeid-
lichen Matt.

34. Lh6−c1	Db2−b5
35. Sf5−h6+	Kg8−h8
36. Sh6:f7+	Tf8:f7
37. Tf3:f7	Ld4−f6
38. Dg3−f2	Kh8−g8
39. Tf7:f6	g7:f6
40. Df2:f6	

Schwarz gab auf.

Nach dieser Partie wußte ich, daß der Wettkampf
im Grunde genommen zu Ende ist. In der 7. Partie
ließ ich den einfachen Gewinn aus. Nein, die Nähe
des Sieges beeinflußte mich nicht, Polugaevskij
spielte einfach schwach, und ich erwiderte unwillkürlich auf dieselbe Art. Die 8. Partie war die letzte.

Partie 7

A. Karpov − B. Spasskij

9. Wettkampfpartie Moskau 1974
Sizilianische Verteidigung

1. e2−e4	c7−c5
2. Sg1−f3	e7−e6
3. d2−d4	c5:d4
4. Sf3:d4	Sg8−f6
5. Sb1−c3	d7−d6
6. Lf1−e2	Lf8−e7
7. 0−0	0−0
8. f2−f4	Sb8−c6
9. Lc1−e3	

Da überlegte Spasskij zum zweiten Mal (das erste Mal – nach dem ersten Zuge): Wiederholen oder nicht wiederholen?

9. ...   Lc8–d7

In der ersten Wettkampfpartie wandte der Ex-Weltmeister die verhältnismäßig neue Fortsetzung 9. . . . e5 an und siegte in einem scharfen und nicht fehlerfreien Kampf. Jetzt entschied er, nicht Neugier zu bekunden – was sein Gegner Neues vorbereitet hatte – und spielte, wie man gewöhnlich in der Scheveninger Variante spielt.

10. Sd4–b3   a7–a5?!

Obgleich er sogar entschieden hatte, auf die Variante der ersten Partie zu verzichten, befand sich mein Gegner doch unter dem Eindruck dieses seines Sieges. Wahrscheinlich erklärt sich daraus sein letzter, wohl sehr nervöser Zug. Es liegt daran, daß er eine solche Fortsetzung auch damals angewendet hat, aber jetzt ist 10. . . . a7–a5 unvorteilhaft, weil es »für alle Ewigkeit« dem Weißen den Punkt b5 in die Hand gibt, ohne dem Schwarzen einen wesentlichen Ersatz zu geben.

11. a2–a4   Sc6–b4
12. Le2–f3   Ld7–c6

Schwarz hatte freilich keine besondere Lust, die Rückkehr des weißen Springers nach d4 zuzulassen, aber noch unangenehmer wäre es gewesen, 12. . . . e5 zu spielen, womit er die Stellung aus der ersten Partie erlangt hätte mit dem wesentlichen Unterschied, daß der schwarze Läufer passiv auf d7 und nicht auf e6 steht.

13. Sb3–d4   g7–g6   171

Um e6—e5 durchzusetzen, muß man schon die Königstellung schwächen. Sonst hüpft der Springer d4 nach f5.

| 14. | Tf1—f2 | e6—e5 |
| 15. | Sd4:c6 | |

Weiß hätte wohl auch im Falle von 15. Sd4—b5 Vorteil behalten.

| 15. | ... | b7:c6 |
| 16. | f4:e5 | d6:e5 |

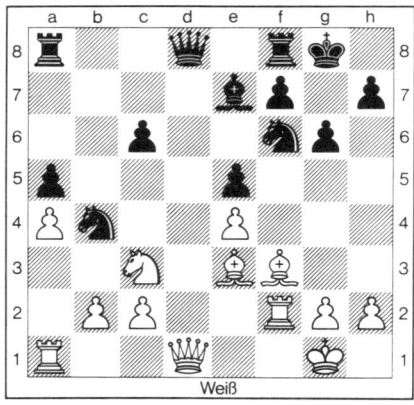

17. Dd1—f1!

Der Kampf entbrennt um den Punkt c4. Wenn Schwarz in der Lage wäre, dorthin keine der weißen Figuren zu lassen, stünde seine Sache durchaus nicht schlecht. Auf der anderen Seite hätte es keinen Sinn, den Turm von der f-Linie wegzuführen (17. Td2), da noch nicht bekannt ist, auf welcher Linie es nötig sein wird, Aktivität zu zeigen.

| 17. | ... | Dd8—c8 |
| 18. | h2—h3 | |

Natürlich soll man den Tausch des Springers gegen den Läufer nicht zulassen (18. ... Sg4).

| 18. | ... | **Sf6–d7** |

Im Falle von 18. ... De6 hätte Weiß zwei Möglichkeiten der Entwicklung der Initiative: 19. Tc1 Tfd8, 20. Le2 Td4, 21. b3 (um den Läufer auf das Feld c4 zu stellen) oder 19. g4 mit fernerem g4–g5 und Lg4.

| **19. Lf3–g4** | **h7–h5** |

Die Stellung des schwarzen Königs wird schon sehr geschwächt ... Vorzuziehen war das einfache 19. ... Dc7, um aus der Fesselung zu gehen und die Türme auf der 8. Reihe zu verbinden.

| **20. Lg4:d7** | **Dc8:d7** |
| **21. Df1–c4** | |

Die Dame ist am Platz ihrer Bestimmung angelangt.

| **21.** | ... | **Le7–h4** |

Ein unangenehmes Endspiel erwartete Schwarz nach 21. ... De6, 22. De6:fe, 23. Ta1–f1.

22. Tf2–d2	**Dd7–e7**
23. Ta1–f1!	**Tf8–d8**
24. Sc3–b1!	

Die Schlauheit dieses Zuges liegt darin, daß es gelungen ist, den günstigsten Augenblick für die Verlegung des Springers in eine aktivere Stellung auszuwählen, was besonders schnell eintritt, wenn Schwarz die Türme tauscht.

| **24.** | ... | **De7–b7** |
| **25. Kg1–h2!** | |

Der seltene Fall, daß der König selbst im Mittelspiel die Beweglichkeit des Läufers des Gegners einschränkt.

25.	...	Kg8−g7
26.	c2−c3	Sb4−a6
27.	Td2−e2!	

Aber jetzt beabsichtigt Weiß nicht mehr, die Türme zu tauschen: Die schweren Figuren kann man gut für einen Angriff auf der f-Linie brauchen. Beiläufig droht 28. g3 Lf6, 29. Tef2 Td6, 30. Lg5.

27.	...	Td8−f8
28.	Sb1−d2	Lh4−d8
29.	Sd2−f3	f7−f6

Mit der Verteidigung des Bauern e5 versucht Schwarz gleichzeitig, die f-Linie abzuschließen. Aber der weiße Angriff ist schon unwiderstehlich.

30.	Te2−d2	Ld8−e7

Auf 30. ... Sb8 würde 31. Sg5 sofort gewinnen. Als Spasskij den Zug 30. ... Le7 ausgeführt hatte, verlor ich sogar ein wenig den Kopf. Anfangs schien mir, daß ich in allen Varianten gewinne, aber plötzlich schaue ich und sehe keinen Gewinn . . . Aber zum Glück dauerte die »Finsternis« höchstens einige Augenblicke.

31.	Dc4−e6	Ta8−d8

Verliert zwingend. Nur mit 31. ... Sb8 hätte man den Widerstand einige Zeit hinziehen können, indem man gleichsam die Figuren für eine neue Partie aufgestellt hätte.

32.	Td2:d8	Le7:d8

Wenn 32. ... Tb8:, so 33. Se5: Dc7, 34. Df7+ Kh8, 35. De7: De5:+, 36. De5: fe, 37. Tf6.

174	33.	Tf1−d1

Am Brett ist materieller Ausgleich. Der schwarze König ist scheinbar den unmittelbaren Drohungen entkommen, aber die Stellung Spasskijs wird fortwährend schlechter und schlechter. Das liegt daran, daß die schwarzen Figuren isoliert sind und einander nicht zu Hilfe kommen können. So ist es zum Beispiel jetzt gerade unmöglich, die 7. Reihe zu verteidigen (33. . . . Tf7), weil der Läufer auf d8 »hängt«.

| 33. | ... | Sa6–b8 |
| 34. | Le3–c5 | Tf8–h8 |

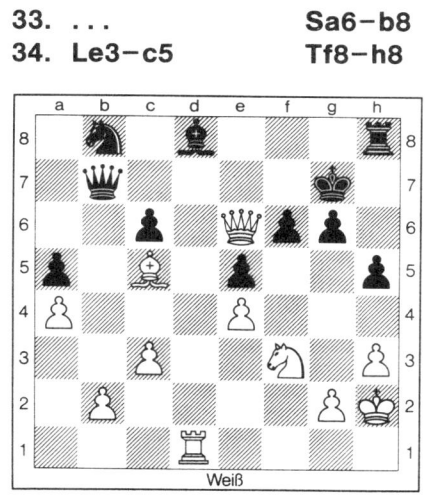

| 35. | Td1:d8 |

Schwarz gab auf.

Nach 35. . . . Td8: gewinnt Weiß sofort mit 36. Le7!

Partie 8

A. Karpov – V. Korčnoj

2. Wettkampfpartie 18. September 1974

Sizilianische Verteidigung

1. e2–e4	c7–c5
2. Sg1–f3	d7–d6
3. d2–d4	c5:d4
4. Sf3:d4	Sg8–f6
5. Sb1–c3	g7–g6

Die sogenannte Drachenvariante. Von den starken Schachspielern wendet sie heute nur Korčnoj an. Diese Eröffnung kam insbesondere in seinem Prätendenten-Wettkampf mit E. Geller 1971, einem meiner Sekundanten des Jahres 1974, zweimal vor. Damals gelang es Korčnoj, ungeachtet des zweifelhaften Rufs des »Drachen«, in jenen Partien ein gutes Resultat zu erzielen – 1:1. Selbstverständlich schloß ich 1974 die Wahrscheinlichkeit der Anwendung dieser Variante nicht aus.

6.	Lc1–e3	Lf8–g7
7.	f2–f3	Sb8–c6
8.	Dd1–d2	0–0
9.	Lf1–c4	Lc8–d7
10.	h2–h4	Ta8–c8
11.	Lc4–b3	Sc6–e5
12.	0–0–0	

Möglich ist auch sofort 12. h4–h5.

12.	...	Se5–c4
13.	Lb3:c4	Tc8:c4
14.	h4–h5	Sf6:h5
15.	g2–g4	Sh5–f6

(Siehe Diagramm Seite 177)

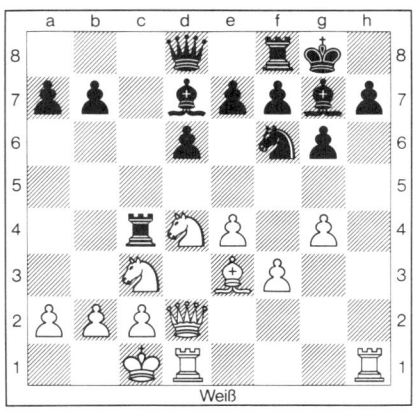

(Stellung nach 15. g2−g4 Sh5−f6)

Das ist jene Stellung, wie sie in der vierten Partie des erwähnten Wettkampfes Geller−Korčnoj vorkam (dort folgte 16. Lh6 Se4:, 17. De3 Tc3:, 18. bc Sf6, 19. Lg7: Kg7:, 20. Th2 Da5?, 21. Sb3 Da2:, 22. De7: mit Vorteil für Weiß). Ich war in gewissem Maße über Korčnojs frühere Vorbereitungen auf dem laufenden, weil er mir nämlich im Frühjahr 1971 vorgeschlagen hat, mit ihm einen Trainingswettkampf vor seiner ersten Begegnung mit Geller zu spielen. Wir vereinbarten, daß unser Leningrader Wettkampf »geheimen« Charakter tragen werde, jetzt aber kann man ein wenig darüber erzählen. (Nebenbei bemerkt: Selbst Geller weiß darüber bis jetzt nichts.) Auf Bitte Korčnojs spielte ich 5 Partien mit Weiß und eine − die sechste − mit Schwarz. Kurzum, die Bedingungen waren ziemlich künstlich. Weil die Fortsetzung noch am selben Tag erfolgte, nach nur kurzer Unterbrechung, gelang es mir nicht, in der ersten Partie zu siegen. Nachdem ich darauf die beiden folgenden Partien gewonnen hatte, begann ich, bei dem Stand von 2½ : ½, über alle Maßen frech zu verfahren und bezahlte mit zwei Niederlagen. Die sechste Partie erwies sich als sehr interessant und endete mit Remis. Somit war das Gesamtresultat dieses unbekannten Wettstreits 3:3 (+ 2 − 2 = 2). 177

Ich muß gestehen, daß jener Trainingswettkampf nicht nur Korčnoj Nutzen brachte, sondern auch mir, dem damals noch angehenden Großmeister, der plötzlich überraschend für alle Zutrauen in seine eigenen Kräfte fand. Und ob!: ich stand hinter keinem der stärksten Großmeister der Welt zurück! Rasch folgten die Erfolge im Alechin-Gedenkturnier und im Hastingser Weihnachtsturnier . . .
Aber kehren wir zurück zur Drachenvariante. Korčnoj und ich spielten zu diesem Thema genug Blitzpartien. Ich erinnere mich, es kam bei uns auch der Zug vor, den ich jetzt machte:

16. Sd4−e2!

Den Versuch, diesen Zug durch Varianten zu bekräftigen, machte E. Čumak, ein Schachspieler aus der Stadt Dnepropetrovsk, der im Jahre 1972 einen theoretischen Aufsatz zu diesem Thema veröffentlichte. Logisch begründen kann man den Rückzug des Springers aus dem Zentrum etwa so: Der Punkt c3, der wichtigste Punkt in der Aufstellung der weißen Figuren; Schwarz konzentriert auf ihn seine Schläge. Oft kommt hier das typische Qualitätsopfer vor (Tc3:) und der Gegner erlangt starken Angriff. (Es ist offenkundig, daß nach der Verdoppelung der weißen Bauern auf der c-Linie die Stellung des Schwarzen so mächtig ist, daß er ohne Angriff, d. h. im Endspiel, das Gleichgewicht behauptet − dies demonstrierte prächtig in seinen Partien der vorzeitig aus dem Leben geschiedene hervorragende sowjetische Großmeister Leonid Stein.) Die Grundidee von 16. Se2 wird verständlich − die Festigung des Springers c3. Außerdem kann der Springer von e2 leicht zum Angriff auf den feindlichen Königsflügel herübergeworfen werden: Wie der Leser natürlich schon bemerkt hat, ziehen beide Gegner materielle Aufwendungen nicht in Betracht und führen die Angriffe auf den entgegengesetzten Flügeln − wie es bei Stellungen mit verschiedenen Rochaden der Fall ist.

Alle allgemeinen Erwägungen sollen auch die konkrete Drohung nicht verhüllen, die Weiß sogleich auf der d-Linie geschaffen hat – 17. e5 und 18. g5.

| 16. ... | Dd8–a5 |
| 17. Le3–h6 | |

Das typische Verfahren. Für die erfolgreiche Entwicklung eines Angriffs muß man den Läufer g7 abtauschen – den natürlichen Verteidiger der schwarzen Felder um den eigenen König herum; dazu kann dieser Läufer als weitreichende Waffe bei Gelegenheit auf der Diagonale h8–a1 das Feuer auf den weißen Damenflügel eröffnen. Großmeister Vladimir Simagin, einer der ideenreichsten Schachspieler unserer Zeit, erfand in ähnlichen Stellungen für Schwarz das thematische Qualitätsopfer (Lg7 h8, was Lh6 f8: zuläßt), nur um seinen Liebling vor dem Abtausch zu bewahren.

| 17. ... | Lg7xh6 |

17. ... Tf8 c8, 18. Lg7: Kg7:, 19. Dh6+ Kg8 führte nur zu Zugumstellung.

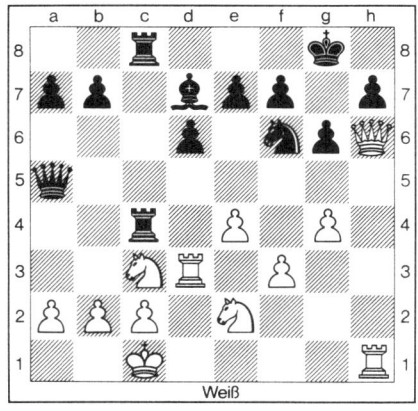

(Stellung nach 19. Td1–d3)

18. Dd2xh6   Tf8−c8
19. Td1−d3 (Siehe Diagramm Seite 179)

Bis hierher spielten Korčnoj und ich fast blitzartig. Da machte ich diesen früher vorbereiteten Zug. Der Gegner versank in langes Nachdenken, und in der Tat, es gibt etwas, worüber er nachdenken muß ... Die »theoretische« Fortsetzung 19. Td5 bringt, wie ich feststellte, nirgends reale Vorteile. Zum Beispiel: 19. . . . Dd8, 20. g5 Sh5, 21. Sg3 Df8!, 22. Df8: + Tf8:! (früher glaubte man, daß man mit dem König schlagen müsse, worauf die weiße Stellung besser wäre), 23. Sh5: gh, 24. Th5: f5!, und die Lage ist ein wenig angenehmer für Schwarz. Oder: 20. e5 de, 21. g5 Sh5, 22. Sg3 Df8, 23. Th5: (23. Sh5: Dh6:, 24. gh Lc6!), 23. . . . gh, 24. Td7: Dh6:, 25. gh, und der entfernte schwarze Freibauer auf der h-Linie gibt Schwarz durchaus befriedigende Chancen. Die Neuerung 19. Td3!, die den Punkt c3 reichlich befestigt, macht gleichzeitig in einer Reihe von Varianten den Springer e2 für den Angriff frei. Hätte Weiß versucht, ohne diesen Zug sofort vorzupreschen – 19. g5 Sh5, 20. Sg3 –, so hätte ihn der unangenehme Gegenschlag 20. . . . Tc3: erwartet; jetzt ist dieser nicht schlimm.

19. . . .   Tc4−c5

Als ich bei der Vorbereitung zum Wettkampf 19. Td5 analysierte, kam ich zu dem Ergebnis, daß die beste Erwiderung auf ihn 18. . . . T8c5 ist. Es ist nicht ausgeschlossen, daß bei der Partie nach 36-minütigem Nachdenken Korčnoj auch zu dem Ergebnis kam, daß es notwendig sei, sich, was auch kommen möge, vor dem dauernd drohenden Angriff der weißen Bauern – sei es e4−e5, sei es g4−g5 – zu sichern. Trotzdem nehme ich an, daß die für Schwarz beste praktische Chance der von M. Botvinnik vorgeschlagene Rückzug 19. . . . Dd8 ist. Jetzt, nachdem ich 180 18 Minuten verbraucht hatte auf der Suche nach der

Widerlegung von 19. . . . T4c5, fand ich eine schöne, zwingende Kombination.

20. g4–g5

Die Springer c3 und f6 verteidigen ihre Könige, weshalb sie gerade den größten Gefahren ausgesetzt sind (man merke sich noch, daß der Wegzug des schwarzen Springers von f6 fast sogleich das Eindringen des Weißen auf d5 nach sich zieht).

20. . . .   **Tc5xg5**
21. Td3–d5

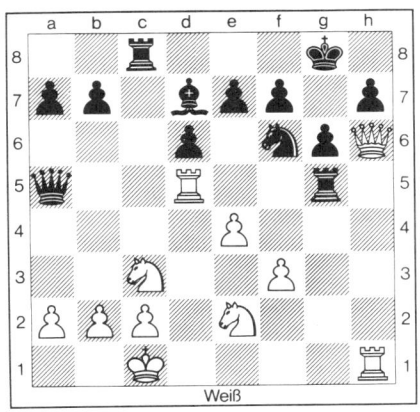

Natürlich nicht 21. Sd5 – 21. . . . Td5:! Und der schwarze Hauptverteidiger, der Springer, bleibt am Leben.

21. . . .   **Tg5xd5**
22. Sc3xd5   **Tc8–e8**

Jetzt hilft das schon bekannte 22. . . . Dd8 nicht: 23. Sf4, Df8, 24. Sf6:+ und 25. Dh7: matt. Wenn dagegen 22. . . . Sh5, so natürlich nicht 23. Th5:?? (mit der »Idee« 23. gh, 24. Se7:+ Kh8, 25. Df6 matt), wegen 23. . . . De1=, sondern einfach 23. Se7:+, Kh8, 24. Sc8:.

23. Se2–f4   Ld7–c6

Es ist unbedingt notwendig, den Punkt d5 aufs Korn zu nehmen, andernfalls folgt Sf6: + und Sd5 mit Matt. Auf 23. . . . Le6 bereitete ich vor 24. Se6: fe, 25. Sf6: + ef, 26. Dh7: + Kf8, 27. Db7: Dg5 +, 28. Kb1 Te7, 29. Db8 + Te8, 30. Da7: (aber keinesfalls 30. Th8 + ?? Kg7!, und schon gewinnt der Schwarze, der mit 31. . . . Dg1 matt droht), 30. . . . Te7, 31. Db8 + Te8, 32. Dd6: + – eine eigenartige, selten vorkommende »Mühle«!

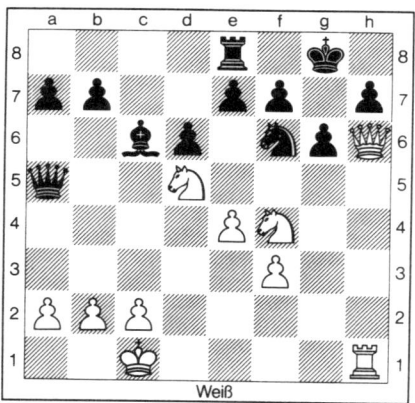

24. e4–e5!

Durchschneidet dieselbe fünfte Reihe. Von dem Überfluß an eindrucksvollen Möglichkeiten können einem die Augen übergehen, es erweist sich aber nur diese Fortsetzung als entscheidend. Nicht gewann das geradlinige 24. Sf6: ef, 25. Sh5 Dg5 + (das ist es eben!), 26. Dg5: fg, 27. Sf6 + Kg7, 28. Se8: + Le8:.

24. . . .   Lc6xd5

Nach 24. . . . de, 25. Sf6: + ef, 26. Sh5 ist Matt unvermeidlich.

25. e5xf6   e7xf6

Wie sagt ein Freund von mir: In diesen Stellungen ist es die Hauptsache, »die Hände unter dem . . . . halten«, d. h. auf ihnen zu sitzen, um nicht allzu schnell einen schönen Zug zu machen. Es war noch nicht zu spät, die Partie zu verlieren: Auf das eilige 26. Sh5 (um auf 26. gh 27. Tg1+ und 28. Dg7 matt zu spielen), wäre das ernüchternde 26. . . . Te1+ gefolgt.

**26. Dh6xh7+   Kg8−f8
27. Dh7−h8+**

Schwarz gab auf. Wenn 27. . . . Ke7, so 28. Sd5:+ Dd5:, 29. Te1+.

Die Partie erwies sich als schön und eindrucksvoll, doch von meiner Sicht bringt ein solcher Sieg nur einen Punkt. Und du selbst und der Gegner – beide begreifen, daß der angenommene Fehler alles in allem nur an der Wahl der Eröffnungsvariante liegt. Etwas anderes ist es, wenn es gelingt, den Partner zu überspielen, dann fühlt er deine Überlegenheit – dies ist schon mehr als nur ein Punkt!

Partie 9

A. Karpov − V. Korčnoj

24. Wettkampfpartie 22. November 1974
Angenommenes Damengambit

1. Sg1−f3

Schon vor langer Zeit, im Jahre 1962, als ich gerade 11 Jahre alt geworden war, erhielt ich eine nützliche Lektion bei meinem Spiel in der Jugendmeisterschaft der RSFSR. Ich hatte ein Remis in der Partie mit einem starken Meisterkandidaten sehr nötig, und ich hatte damals auch die weißen Figuren. Ich spielte »unverschämt« auf Remis: in der französischen Verteidigung (1. e4 e6, 2. d4 d5) machte ich den Abtausch (3. ed) und fuhr darauf fort, die Figuren zu tauschen. Mit jedem Tausch verschlechterte sich meine Stellung, wenn auch nur ein wenig... Jene Partie verlor ich, aber ich zog für mich nützliche Konsequenzen.

| 1. ... | d7−d5 |

Wenn man berücksichtigt, daß für Korčnoj ein Sieg notwendig war, dann wird meine Verlegenheit im ersten Moment begreiflich. Es wäre natürlich gewesen, beizeiten anzunehmen, daß der Gegner einen stark asymmetrischen Aufbau wählen werde. Aber nun...»Im übrigen«, dachte ich mir,»hofft er sicherlich, daß in einem sich lang hinziehenden Manöverierkampf irgendwo meine Nerven nicht durchhalten können: So oder so, nachdem ich im Laufe des ganzen Wettkampfs geführt und jetzt zwei Partien verloren hatte, riskiere ich plötzlich alles zu verlieren«.

2.	d2−d4	Sg8−f6
3.	c2−c4	d5xc4
4.	e2−e3	g7−g6

Er fianchettiert dennoch den Läufer. Indem er eine ziemlich seltene Variante von W.Smyslov wählt, ist mein Gegner bestrebt, eine Stellung im Geiste der Grünfeld-Verteidigung zu erlangen.

5.	Lf1xc4	Lf8−g7
6.	0−0	0−0
7.	b2−b3	

Möglicherweise erstaunte viele die Schnelligkeit, mit

der ich diesen Zug ausführte. Ja, höchstwahrscheinlich gewährt er keinen wesentlichen Vorteil, aber
immerhin führt auch der Weg zum Ausgleich für
Schwarz über zahlreichen Tausch im Zentrum, der
in diesem Fall mir zugute käme. Ja, ich bin mit Remis
in dieser Partie einverstanden, aber wenn ich noch
an die Lektion im Jahre 1961 denke, spiele ich nicht
»auf Remis«, sondern ich spiele Schach (wobei ich
natürlich alle Nebenumstände berücksichtige).

| 7. ... | c7−c6 |

Schwarz sollte wohl b6 spielen, um den Läufer auf
der großen Diagonale zu entwickeln.

8.	Lc1−b2	Lc8−g4
9.	Sb1−d2	Sb8−d7
10.	h2−h3	Lg4−f5
11.	Tf1−e1	Sd7−b6
12.	Lc4−f1	

Natürlich konnte man schärfer »auf Vorteil« spielen.
− 12. e4 Sc4:, 13. bc. Aber vorerst paßte es nicht in
meine Pläne, das Spiel zu verschärfen.

| 12. ... | Sf6−e4 |

Der erste erzwungene Abtausch − sonst geht mein
Bauer mit Tempogewinn vor und außerdem haben
die schwarzen Figuren keinen freien Raum.

13.	Sd2xe4	Lf5xe4
14.	Sf3−d2	Le4−f5
15.	Ta1−c1	

Ich kann, wenn ich Lust habe, mit e3−e4 vorgehen,
aber vorläufig ist es nützlich, jedwede Möglichkeit
der Sprengung meines Zentrums durch die Bauern
c und e zu unterbinden. Dieser Zug erwies sich als
sehr unangenehm für Korčnoj, der das Vorgehen

e3–e4 erwartet hatte. Jetzt hingegen mußte er auf der Suche nach einem Plan 34 Minuten Bedenkzeit verbrauchen.

| 15. | ... | Ta8–c8 |
| 16. | Dd1–e2 | |

Von hier aus deckt die weiße Dame den Läufer b2 (wenn der Springer von d2 wegzieht), und dies ist in vielen Varianten sehr wichtig.

| 16. | ... | Tc8–c7 |
| 17. | a2–a4 | |

Wahrscheinlich wollte Schwarz den Turm nach d7 bringen und irgendwie versuchen, mein Zentrum mit dem e-Bauern aufzubrechen. Dieses Manöver stört ihn indessen auf dem Damenflügel, wo Weiß sich auf die Entfaltung weiterer Aktivität vorbereitet.

| 17. | ... | Lf5–c8 |

Andernfalls zerstört der a-»Rammbauer« die ganze Flanke (17. . . . Td7, 18. a5 und 19. a6).

| 18. | Lb2–a3 | |

Er ist aus der Gegenüberstellung mit dem Läufer g7 weggegangen und hat die beiden schwarzen Bauern c und e gebremst.

| 18. | ... | Lc8–e6 |
| 19. | De2–d1 | |

Die Dame befreit den Springer von der Deckung des Bauern b3 und lenkt jenen auf den idealen Standplatz, auf dem Punkt c5.

| 19. | ... | Tf8–e8 |
| 20. | Sd2–e4 | f7–f5 |

Was soll man tun? – Am Damenflügel verdichten sich Wolken, es ist nötig, möglichst schnell im Zentrum aktiv zu werden.

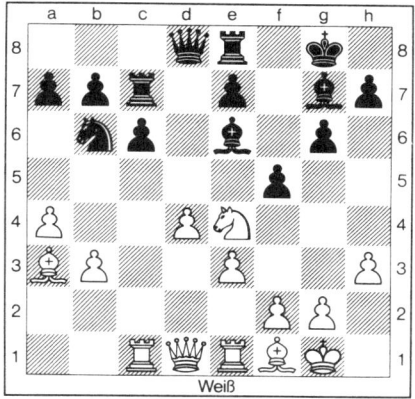

21. Se4–c5	Le6–f7
22. La3–b2	

Wie vorher störe ich den Plan, e7–e5 zu spielen, wonach Weiß jetzt die d-Linie besetzen würde.

22. ...	Sb6–d7
23. Sc5–d3	

Wenn es dem Schwarzen gelänge, die Springer zu tauschen und Td7 zu spielen, würde er ein gewisses Gegenspiel, verbunden mit Druck auf das weiße Zentrum, erlangen.

23. ...	Tc7–c8

23. ... e5, 24. de Se5:, 25. Se5: Dd1:, 26. Td1: Le5:, 27. Le5: Te5: führte zum Remis. Es ist klar, daß Korčnoj von dieser ihm freundlich angebotenen »Möglichkeit« keinen Gebrauch macht.

24. b3–b4	a7–a5	187

Eine vollkommen erklärliche Reaktion, da ja Schwarz überhaupt kein Gegenspiel hat.

25.	b4xa5	Dd8xa5
26.	Lb2−c3	Da5−a7
27.	a4−a5	

Hier dachte Korčnoj 18 Minuten nach, was ihm nur eine Viertelstunde für die 13 Züge bis zur Kontrolle ließ. Es gibt etwas zum Nachdenken, aber es ist nichts Gutes zu sehen. Von den forcierten Fortsetzungen muß man als Hauptvariante betrachten: 27. ... e5, 28. de Se5:, 29. Se5: Le5:, 30. Le5: Te5:, und nun entstehen bei Weiß Schwierigkeiten mit der Verteidigung des a-Bauern. Ich sah indessen, daß ich nach 31. Dd7 mindestens Remis »aus der Position der Stärke« bekomme. Urteilen Sie selbst:

I. 31. ... Le6?, 32. Lc4! oder
II. 31, ... Ta8, 32. a6 oder auch 32. Tb1 oder
III. 31. ... Da8, 32. Tb1 Td8, 33. Dc7 Db8, 34. Db6 oder endlich
IV. 31. ... Tce8, 32. a6 (32. Tc6:?, T5 e7), 32. ... T5 e7, 33. Dd6 usw.

| 27. ... | c6−c5 |

Und dennoch hielten Korčnojs Nerven nicht durch. Er stürmte los und verrechnete sich.

| 28. | Dd1−a4! | Sd7−b6 |

28. ... b6, 29. dc Sc5:, 30. Sc5: bc, 31. Lc4 läßt Weiß klaren Vorteil.

| 29. | Da4−a1! |

Wie es scheint, hat mein Gegner diesen Zug nicht vorhergesehen und nur mit 25. Db5, Sd5 und wenn 30. Sc5: so 30. ... Tc5:! gerechnet.

29.	. . .	Sb6–d5
30.	Sd3xc5	Sd5xc3

Mag sein, daß Schwarz bei seinen überschlägigen
Berechnungen 30. . . . Tc5:, 31. dc Sc3:, 32. Tc3:
Tc8 im Auge hatte, doch nicht bemerkte, daß nach
33. Tec1 Tc5:, 34. Tc5: La1: nun folgt 35. Tc8+ und
36. Ta1: oder an 32. . . . Ta8 dachte, aber zum Beispiel 33. a6 nicht berücksichtigt hat (33. . . . Lc3:,
34. Dc3: ba, 35. Da5).

31. Da1xc3

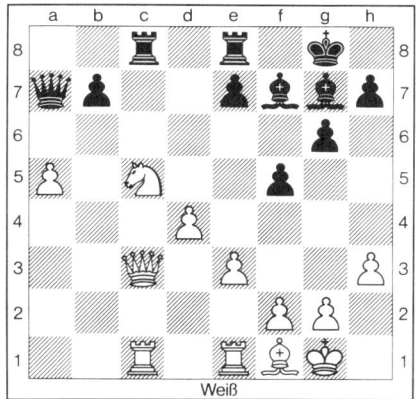

Vor der Partie dachte ich, daß es nicht den guten
Sitten entspreche, in Ausnutzung der Führung im
Match selbst Remis anzubieten. In der Stellung aber,
die sich jetzt am Brett ergeben hatte, vertauschten
sich gleichsam unsere Rollen. Korčnojs Stellung
wurde so sehr schlechter, daß er nach den unge-
schriebenen schachlichen Gesetzen mir eigentlich
nicht Remis anbieten durfte. . . . Aber die letzte Partie hat ihre eigenen Gesetze. . . . Wenn mir der Gegner nicht Remis angeboten hätte, hätte ich dies
möglicherweise im folgenden Zug selbst getan –
wozu unbedingt gewinnen, wenn das sportliche Ziel
schon erreicht ist, alles schon gelaufen ist und man
schon an die Zukunft denkt?

189

10

Karpovs Spielergebnisse seit 1966

			+	=	−
1966	Meister gegen Meister-schaftskandidaten		5	10	0
	Jugendmannschaftskämpfe um die Meisterschaft der UdSSR (6½ von 8)	1. Brett Mind.	5	3	0
	Match der Jugend-mannschaften der UdSSR in Skandinavien	6. Brett	1	1	0
1966/67	Tršinec	1. Platz	9	4	0
1967	Auswahlturnier um die Jugendweltmeisterschaft	5. Platz	3	1	3
	Spartakiade der RSFSR	2. Brett	4	1	2
	Allunionsspartakiade der Schüler (7 von 9)	2. Brett	5	4	0
1967/68	Groningen	1. Platz	6	8	0
1968	UdSSR – Jugoslawien	2. Brett Jugend	3	1	0
	Match der Jugendmann-schaften der UdSSR und Skandinaviens	2. Brett	0	1	1
	Championat der Universität Moskau	1. Platz	7	6	0
	Mannschaftsmeisterschaft der UdSSR	1. Brett Jugend	9	2	0
1969	Auswahlmatchturnier zur Jugendweltmeisterschaft	1. Platz	5	5	2
	Match der Jugendmann-schaften der UdSSR und Jugoslawiens	3. Brett	2	2	0

			+	=	−
	Turnier der Befreundeten Armeen in Warschau	Reserve	1	0	0
	Mannschaftschampionat der Streitkräfte der UdSSR	2. Brett	5	1	1
	Jugendweltmeisterschafts-kämpfe Stockholm	1. Platz	12	5	0
	Ungarn-RSFSR in Budapest	Jugend-brett	0	2	2
1970	Championat der RSFSR (Halbfinale im Kampf um die Meisterschaft der UdSSR in Kujbyšev)	1. Platz	8	9	0
	Caracas	4.–6. Platz	8	7	2
	38. Championat der UdSSR in Riga	5.–7. Platz	5	14	2
1971	Halbfinale beim 39. Championat der UdSSR in Daugavpils	1. Platz	9	8	0
	XVIII. Olympiade der Studenten in Puerto-Rico	3. Brett	7	1	0
	Mannschaftsmeisterschaft der Streitkräfte der UdSSR	1. Brett	3	3	1
	Mannschaftsmeisterschaft der UdSSR in Rostov am Don	Jugend-brett	6	1	0
	39. Meisterschaft der UdSSR in Leningrad	4. Platz	7	12	2
	Alechin-Gedenk-Turnier in Moskau	1.–2. Platz	5	12	0
1971/72	Weihnachtsturnier in Hastings (England)	1.–2. Platz	8	6	1
1972	Allunions-Olympiade in Moskau	2. Brett	4	3	2
	XIX. Olympiade der Studenten in Graz (Österreich)	1. Brett	5	4	0
	XX. Weltolympiade in Skoplje (Jugoslawien)	1. Reserve	12	2	1
	San Antonio (USA)	1.–3. Platz	7	7	1
1973	Budapest	2. Platz	4	11	0
	Matchturnier der Auswahl-mannschaften der UdSSR	1. Brett	2	2	0
	Interzonenturnier in Leningrad	1.–2. Platz	10	7	0

			+	=	−
	Europäische Mannschafts-meisterschaft in Bate (England)	4. Brett	4	2	0
	41. Meisterschaft der UdSSR (Oberliga) in Moskau	2.–6. Platz	5	11	1
	Madrid	1. Platz	7	8	0
1974	Viertelfinalmatch der Kandidaten gegen Polugaevskij in Moskau	Gewinn	3	5	0
	Halbfinale des Kandidaten-matchs gegen Spasskij in Leningrad	Gewinn	4	6	1
	XXI. Weltolympiade in Nizza (Frankreich)	1. Brett	10	4	0
	Finalmatch gegen Korčnoj in Moskau	Gewinn	3	19	2
1975	Ljubljana – Portoroz	1. Platz	8	7	0
	Spartakiade der Völker der UdSSR	1. Brett	4	3	0
	Mailand. Auswahl-Runden-turnier	2. Platz	3	7	1
	Halbfinalmatch gegen Petrosjan		0	4	0
	Finalmatch gegen Portisch	Gewinn	1	5	0
1976	Skoplje	1. Platz	10	5	0
	Mannschaftspokal der UdSSR	1. Brett	2	4	0
	Amsterdam	1. Platz	2	4	0
	Manila	2. Platz	1	4	1
	Montilla	1. Platz	5	4	0